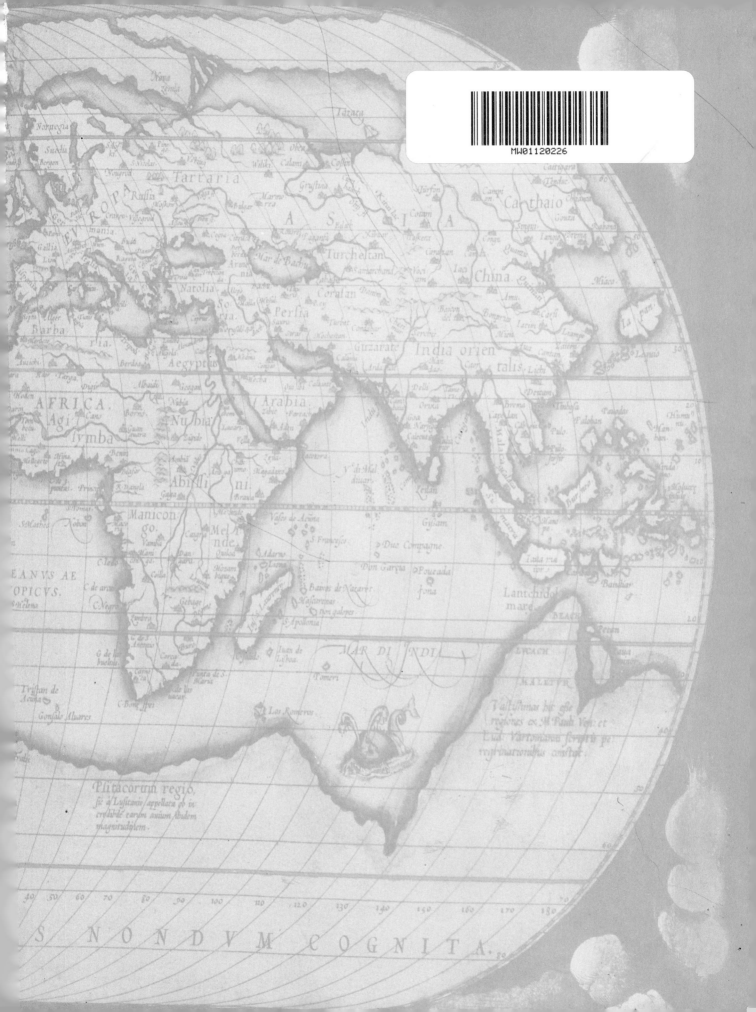

Mi mundo

AVENTURAS A TRAVÉS DEL TIEMPO

James A. Banks

Barry K. Beyer

Gloria Contreras

Jean Craven

Gloria Ladson-Billings

Mary A. McFarland

Walter C. Parker

NATIONAL GEOGRAPHIC SOCIETY

ESTA MUÑECA FUE HECHA EN 1920. MUCHAS COSAS DE HOY SON DIFERENTES DE LAS COSAS DE HACE MUCHO TIEMPO. PERO LOS NIÑOS SIEMPRE TIENEN JUGUETES PREFERIDOS.

THE PRINCETON REVIEW

McGraw-Hill School Division

New York   Farmington

PROGRAM AUTHORS

Dr. James A. Banks
Professor of Education and
Director of the Center for
Multicultural Education
University of Washington
Seattle, Washington

Dr. Barry K. Beyer
Professor Emeritus, Graduate
School of Education
George Mason University
Fairfax, Virginia

Dr. Gloria Contreras
Professor of Education
University of North Texas
Denton, Texas

Jean Craven
District Coordinator of
Curriculum Development
Albuquerque Public Schools
Albuquerque, New Mexico

Dr. Gloria Ladson-Billings
Professor of Education
University of Wisconsin
Madison, Wisconsin

Dr. Mary A. McFarland
Instructional Coordinator of
Social Studies, K–12, and
Director of Staff Development
Parkway School District
Chesterfield, Missouri

Dr. Walter C. Parker
Professor and Program Chair for
Social Studies Education
University of Washington
Seattle, Washington

NATIONAL
GEOGRAPHIC
SOCIETY
Washington, D.C.

CONSULTANTS FOR TEST PREPARATION

THE
PRINCETON
REVIEW
The Princeton Review is not affiliated
with Princeton University or ETS.

CALIFORNIA SENIOR CONSULTANT

Dr. Carlos E. Cortés
Professor Emeritus of History
University of California
Riverside, California

CALIFORNIA PROGRAM CONSULTANTS

Diane Bowers
Former Assistant Director of Education
for the Yurok Tribe
Klamath, California

Dr. Susan L. Douglass
Affiliated Scholar, Council on Islamic
Education
Fountain Valley, California

Dr. Karen Nakai
Lecturer of History-Social Science
Department of Education
University of California
Irvine, California

Shelly Osborne
Teacher-Literacy Mentor
Franklin School
Alameda, California

Dr. Valerie Ooka Pang
Professor, School of Teacher Education
San Diego State University
San Diego, California

Lyn Reese
Director, Women in History Project
Berkeley, California

Dr. Curtis C. Roseman
Professor of Geography
University Of Southern California
Los Angeles, California

Dr. Robert M. Senkewicz
Professor of History
Santa Clara University
Santa Clara, California

Evelyn Staton
Librarian
San Francisco School District
Member, Multiethnic Literature Forum
for San Francisco
San Francisco, California

Dr. Clifford E. Trafzer
Department of Ethnic Studies
University of California
Riverside, California

PROGRAM CONSULTANTS

Dr. John Bodnar
Professor of History
Indiana University
Bloomington, Indiana

Dr. Sheilah Clark-Ekong
Professor, Department of Anthropology
University of Missouri, St. Louis
St. Louis, Missouri

Dr. Darlene Clark Hine
John A. Hannah Professor of History
Michigan State University
East Lansing, Michigan

Dr. John L. Esposito
Professor of Religion and
International Affairs
Georgetown University
Washington, D. C.

Dr. Gary Manson
Department of Geography
Michigan State University
East Lansing, Michigan

Dr. Juan Mora-Torrés
Professor of Latin American History
University of Texas at San Antonio
San Antonio, Texas

Dr. Joseph Rosenbloom
Professor, Classics Department
Washington University
St. Louis, Missouri

Dr. Robert Seltzer
Professor of Jewish History
Hunter College
City University of New York

Dr. Peter Stearns
Dean, College of Humanities
and Social Studies
Carnegie Mellon University
Pittsburgh, Pennsylvania

CONSULTING AUTHORS

Dr. James Flood
Professor of Teacher Education, Reading
and Language Development
San Diego State University
San Diego, California

Dr. Diane Lapp
Professor of Teacher Education, Reading
and Language Development
San Diego State University
San Diego, California

TEACHER REVIEWERS SPANISH EDITION

Angelica Sandoval
Capistrano Unified School District
San Clemente, CA

Marcela Hernandez-Pons
Los Angeles Unified Cluster 09
Los Angeles, CA

Yolanda Soria
Oxnard Elementary School District
Oxnard, CA

Gabby Hernandez
Chula Vista Elementary School District
Chula Vista, CA

Luz A. Cabrera
San Jose Unified School District
San Jose, CA

John Allard
Los Angeles Unified Cluster 18
Los Angeles, CA

Gloria Barrios-Andrade
San Diego School District Area 5
San Diego, CA

Marilyn Sefchovich
San Jose Unified School District
San Jose, CA

Lori Sanchez
Santa Paula School District
Santa Paula, CA

CONTRIBUTING WRITERS

Catherine M. Tamblyn
Little Silver, New Jersey

Linda Scher
Raleigh, North Carolina

Acknowledgments

The publisher gratefully acknowledges permission to reprint the following material:

Excerpts from **It's My Earth Too** by Kathleen Krull. Copyright 1992. Used by permission of Dell Books, a division of Bantam Doubleday Dell Publishing Group, Inc.
Excerpt from **Houses and Homes** by Ann Morris. Copyright 1992 by Ann Morris. Lothrop, Lee & Shepard, a division of William Morrow & Company.
(continued on page R18)

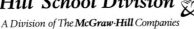
McGraw-Hill School Division
A Division of The McGraw-Hill Companies

McGraw-Hill School Division
Two Penn Plaza
New York, New York 10021–2298

Printed in the United States of America

ISBN 0-02-147804-X

1 2 3 4 5 6 7 8 9 004 03 02 01 00 99

CONTENIDO

UNIDAD UNO
2

El lugar donde vivimos

UNIDAD DOS
42

Vivimos en grupos

UNIDAD TRES

72

La gente y el trabajo

UNIDAD CUATRO

102

Nuestro mundo

UNIDAD CINCO
142

Sucedió en América

UNIDAD SEIS
182

Celebraciones de EE.UU.

v

SECCIÓN DE REFERENCIA

PRÁCTICA PARA PRUEBAS ESTÁNDAR

THE PRINCETON REVIEW

APARTADOS

VARIAS VOCES

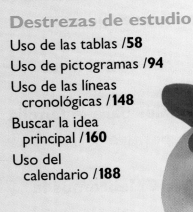

TABLAS Y GRÁFICAS

MAPAS

La escuela de Tomás

UN VISTAZO AL LIBRO

Tu libro se titula *Mi mundo:*
Aventuras a través del tiempo.
El libro tiene varias secciones.

¿Qué hay en este lugar
que no hay en otros lugares?

¿Por qué nos divertimos tanto
en la playa?

**Una sección especial del libro
se titula Mira tu mundo.
En ella se muestran lugares de
nuestro país.**

**Tu libro tiene seis unidades.
Cada unidad tiene varias
lecciones. En cada lección
aprenderás nuevas cosas.**

LECCIÓN **1**

Aquí vivimos

Escuela

¡Bienvenidos!

Hoy es el primer día de clases de
Tomás. Su escuela está en Los
Ángeles, California. La Sra. Rose es la
maestra de Tomás.

4

Cada unidad
termina con
**Y ahora...
un cuento,**
un poema o
una canción.

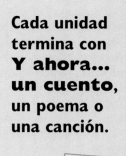

Tomás se sentó al lado de Ana. Ella hizo un dibujo de su casa. La casa de Ana es roja. Tomás también dibujó su casa. La casa de Tomás es blanca.

Ralph Sanders es el maestro que empezó el club. Él lleva las latas a un lugar donde pueden usarse otra vez. Por cada lata, el club recibe dinero. Con el dinero compran árboles para el patio de la escuela. El vecindario se ve más bonito con estos árboles.

Yvette nos cuenta: —Estoy muy contenta de que podamos hacer que la Tierra se sienta mejor.

En unas lecciones especiales conocerás a personas que hacen **Un aporte positivo.** En otras aprenderás a **Tomar decisiones.**

Al final de tu libro encontrarás el **Glosario geográfico ilustrado** y el **Glosario ilustrado.** Ahí podrás buscar el significado de las palabras.

NATIONAL GEOGRAPHIC

¿Qué hay en este lugar
que no hay en otros lugares?

¿Por qué nos divertimos tanto
en la playa?

x

¿Cómo vas a la escuela por la mañana?

¿Qué hace la gente para que crezcan las plantas?

¿Cómo sabe este niño dónde está?

UNIDAD UNO

El lugar donde vivimos

Palabras clave

vecindario

mapa

comunidad

estado

país

Tierra

Aquí vivimos

Hoy es el primer día de clases de Tomás. Su escuela está en Los Ángeles, California. La Sra. Rose es la maestra de Tomás.

Tomás se sentó al lado de Ana. Ella hizo un dibujo de su casa. La casa de Ana es roja. Tomás también dibujó su casa. La casa de Tomás es blanca.

—¿Qué vieron en el camino a la escuela? —pregunta la Sra. Rose.

Tomás vio una biblioteca. Tomás y Ana vieron una estación de bomberos. Ana vio una iglesia en construcción.

—Ustedes son vecinos —dice la Sra. Rose—. Los vecinos son personas que viven cerca. Ustedes viven en el mismo **vecindario**. Un vecindario es un lugar donde la gente vive, trabaja y se divierte.

1. ¿Qué es un vecindario?

2. ¿Qué lugares hay en tu vecindario?

Destrezas Geográficas
Uso de las maquetas y los planos

Éstos son algunos de los salones de la escuela de Tomás. Aquí ves los salones como si no tuvieran techo. Busca el comedor.

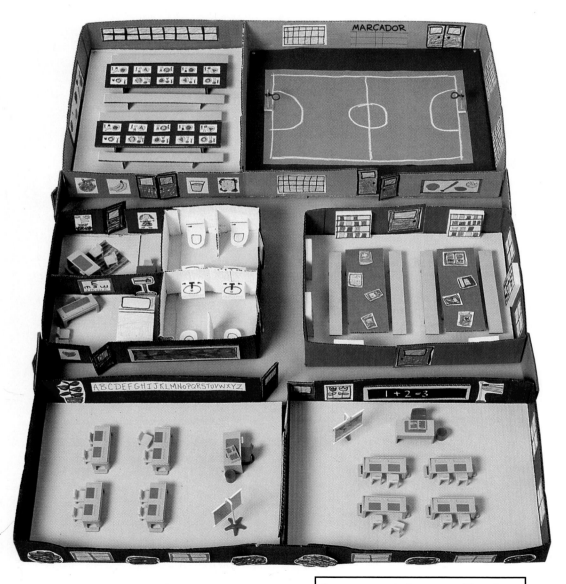

La escuela de Tomás

Éste es un **plano** de la escuela. Un plano es el dibujo de un lugar. El salón de la Sra. Rose está al lado del salón del Sr. Green.

La escuela de Tomás

Práctica de la destreza

Usa el plano para contestar estas preguntas.

1. ¿Está la puerta principal cerca o lejos del gimnasio?

2. ¿Está el salón de la Sra. Rose a la derecha o a la izquierda del salón del Sr. Green?

3. ¿Para qué te sirve un plano de tu clase?

Nuestras casas están en un vecindario

La clase de la Sra. Rose está poniendo fotos en la pared. Las fotos muestran diferentes tipos de casas.

Casas donde vive la gente

Los vecindarios también son diferentes.
En algunos vecindarios hay muchas casas y
tiendas. En otros sólo hay unas pocas.

Ésta es la casa de Ana. Tomás y su hermano, David, pasan en bicicleta frente a la casa.

—¿Vives ahí? —pregunta Tomás—. No sabía tu dirección.

La dirección dice cuál es el número de una casa. La dirección también dice el nombre de la calle donde está la casa.

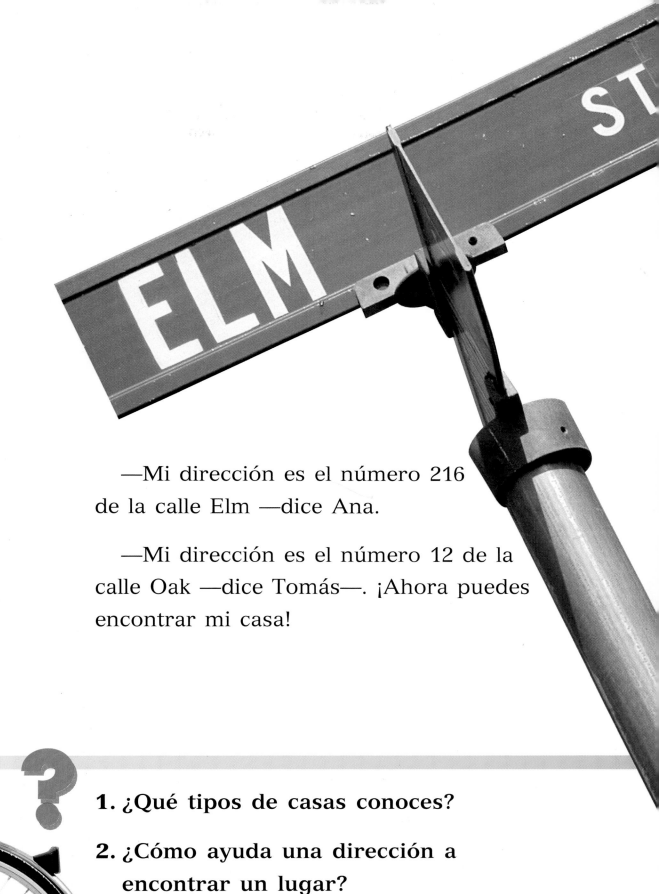

—Mi dirección es el número 216 de la calle Elm —dice Ana.

—Mi dirección es el número 12 de la calle Oak —dice Tomás—. ¡Ahora puedes encontrar mi casa!

1. ¿Qué tipos de casas conoces?

2. ¿Cómo ayuda una dirección a encontrar un lugar?

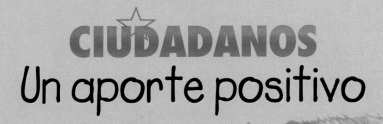

CIUDADANOS
Un aporte positivo

MICHIGAN · Rochester

Caitlin y Brújula

Vas a conocer a Caitlin Littman. Caitlin y su familia participan en un programa de entrenamiento para perros lazarillos.

El programa envió un cachorro a la casa de Caitlin, en Rochester, Michigan. Caitlin le puso de nombre Brújula.

A Brújula la van a entrenar para que guíe a personas ciegas.

14

El trabajo de Caitlin es hacer que Brújula se acostumbre a estar entre la gente. Caitlin lleva a Brújula a pasear por el vecindario.

Un día Brújula irá a vivir con una persona ciega. Caitlin dice: —Me voy a poner triste cuando Brújula se vaya. Pero también me voy a sentir muy orgullosa de ella.

Los vecindarios están en comunidades

Todos nosotros vivimos en vecindarios. También vivimos en lugares más grandes llamados **comunidades**. Una comunidad está formada por muchos vecindarios.

Meg vive cerca de Bend, un pueblo en Oregón. Un pueblo es una pequeña comunidad.

Meg vive en un rancho. Los ranchos son lugares grandes donde se crían animales. La familia de Meg cría caballos y vacas.

Los ranchos están separados por grandes distancias. Meg no puede ver la casa de su vecino desde su rancho.

Paul vive muy lejos
de Meg. Él vive en una
ciudad. Una ciudad es
una comunidad grande.
Paul vive en la ciudad de
Atlanta, en Georgia.

Mucha gente vive y trabaja en Atlanta. Allí hay muchos lugares para visitar y muchas cosas que hacer.

1. ¿Qué es una comunidad?

2. ¿A cuál se parece más tu comunidad, a la de Meg o a la de Paul? Di por qué.

19

Visto desde arriba

Paul y su papá hicieron un viaje en avión. Desde el avión vieron una comunidad. Esto es lo que vieron.

Éste es un **mapa** de esa comunidad. Un mapa es el dibujo de un lugar. ¿Qué ves en este mapa?

1. ¿En qué se parecen el mapa y la fotografía? ¿En qué se diferencian?

2. ¿Qué verías al mirar tu comunidad desde un avión?

DESTREZAS GEOGRÁFICAS
Uso de la clave del mapa

Muchos mapas usan símbolos. Los símbolos son dibujos que representan algo. ¿Qué representan estos símbolos?

Los mapas con símbolos tienen una **clave del mapa**. Esa clave dice qué representa cada símbolo.

Éste es un mapa de la comunidad de Jim. Mira la clave del mapa. Los columpios representan un área de juegos.

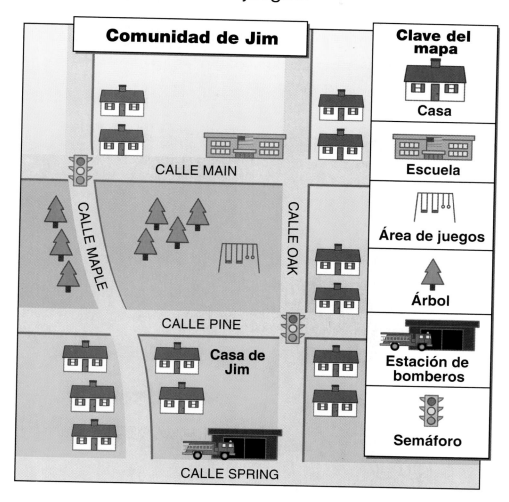

Práctica de la destreza

Usa el mapa para contestar estas preguntas.

1. Nombra los edificios que ves en el mapa.

2. ¿En qué calle está la escuela de Jim?

3. Si hicieras un mapa de tu comunidad, ¿qué símbolos usarías en la clave del mapa?

Vivimos en Estados Unidos

Las comunidades forman parte de algo más grande llamado **estado**. Este mapa muestra los 50 estados que forman nuestro **país**. Un país es un territorio y la gente que vive en él. Nuestro país se llama Estados Unidos de América.

DAKOTA DEL NORTE

MINNESOTA

WISCONSIN

MICHIGAN

MICHIGAN

MAINE

VERMONT

NUEVA HAMPSHIRE

MASSACHUSETTS

RHODE ISLAND

CONNECTICUT

DAKOTA DEL SUR

NUEVA YORK

IOWA

PENNSYLVANIA

NUEVA JERSEY

NEBRASKA

ILLINOIS

INDIANA

OHIO

MARYLAND

DELAWARE

VIRGINIA

VIRGINIA OCCIDENTAL

KANSAS

MISSOURI

KENTUCKY

CAROLINA DEL NORTE

OKLAHOMA

ARKANSAS

TENNESSEE

CAROLINA DEL SUR

MISSISSIPPI

GEORGIA

GEORGIA

ALABAMA

TEXAS

LUISIANA

FLORIDA

ESTADOS UNIDOS DE AMÉRICA

1. ¿Cómo se llama nuestro país?

2. ¿Qué diferencia hay entre una comunidad y un país?

La Tierra es de todos

Vives en muchos lugares. Vives en una casa que está en un vecindario. Tu vecindario forma parte de una comunidad. Tu comunidad forma parte de un estado. Tu estado forma parte de un país.

Los países están en la Tierra. La Tierra es nuestro mundo. Es redonda y está formada por agua y tierra.

Un globo terráqueo es redondo como la Tierra y nos muestra cómo se ve ésta. Las partes azules representan agua. Las partes verdes representan tierra. Señala en el globo las partes de tierra.

La Tierra es muy grande. Todos los seres vivos la compartimos. ¿Qué cosas conoces de las que aparecen en esta fotografía?

1. ¿Qué es la Tierra?

2. Nombra tres de los lugares en que vives.

fragmento de

CASAS
· Y ·
HOGARES

texto de Ann Morris

traducción de Luisa D'Augusta

fotografías de Ken Heyman

El mundo está lleno de casas...

casas grandes,

casas pequeñas,

33

casas de colores,

casas blancas,

casas movibles

y casas fijas,

35

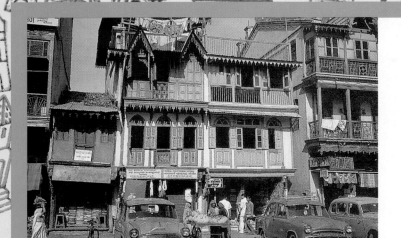

casas muy juntas

o casas aisladas,

casas para varias familias

o para una sola persona.

REPASO DE LA UNIDAD 1

Piensa en las palabras

Une cada palabra con el dibujo que corresponde.

1. vecindario   **2.** comunidad   **3.** estado
4. país   **5.** Tierra

a.

Estados Unidos

b.

c.

California

d.

e.

Piensa en las ideas

1. ¿Qué son los vecinos?

2. ¿Qué indica una dirección?

3. Nombra dos clases de comunidades.

4. Explica si es posible vivir en un estado y en un país al mismo tiempo.

Habla sobre un lugar que te guste de tu comunidad. Di por qué te gusta.

38

Uso de las destrezas

Repaso: uso de los planos

1. Mira el plano de abajo. ¿Qué muestra?
2. ¿Está la bandera cerca, o lejos, de la puerta?
3. ¿Quién se sienta detrás de Bob?

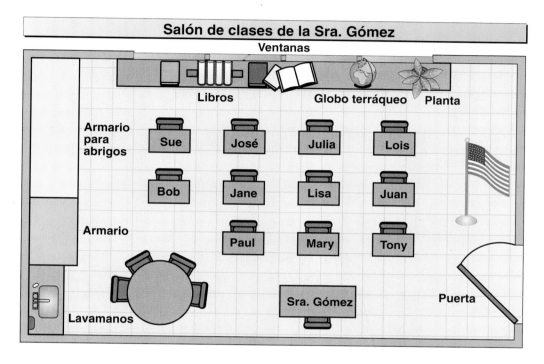

Salón de clases de la Sra. Gómez

¡Haz el tuyo!

- Dibuja un plano del lugar donde juegas.
- Dibuja también las cosas con las que juegas.

Uso de las destrezas

Repaso: uso de la clave de un mapa

1. ¿Qué muestra el mapa?

2. ¿Qué símbolo representa a la biblioteca?

3. ¿Cuántas tiendas se muestran en el mapa?

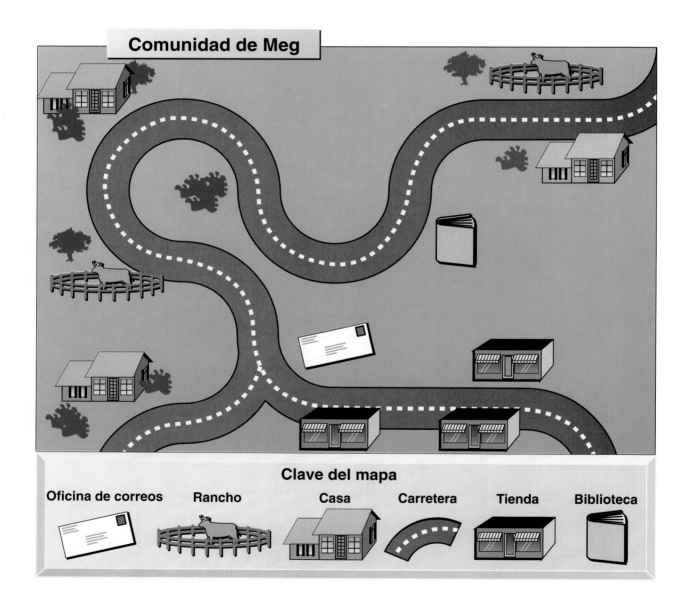

Comunidad de Meg

Clave del mapa

Oficina de correos   Rancho   Casa   Carretera   Tienda   Biblioteca

PROYECTO DE LA UNIDAD

Haz el libro "Aquí vivo"

- Dibújate y escribe tu nombre debajo del dibujo.
- Dibuja tu escuela. Escribe el nombre de tu escuela.
- Dibuja algunos lugares de tu vecindario.
- Haz una cubierta para tu libro.
- Junta y engrapa todas las páginas.

Lectura individual

Puedes buscar estos libros en la biblioteca.

UNIDAD DOS

Vivimos en grupos

Palabras clave

familia

grupo

regla

ley

votar

ciudadano

presidente

43

La familia y los amigos

Mi nombre es Roberto Ramos. Ésta es mi **familia**. Los miembros de una familia se quieren y se ayudan. Ellos también se divierten juntos.

Mis abuelos y mis primos también forman parte de mi familia. A veces nos visitan en días especiales, como en los cumpleaños. Nos divertimos mucho juntos.

No todas las familias son como la mía. Algunas son grandes y otras son pequeñas. A veces los miembros de una familia no viven juntos.

Mi familia

Roberto

Cada familia es especial. Éstas son
fotos de mis amigos con sus familias.

1. Di algo en lo que todas las familias son
   iguales.

2. Nombra algunos miembros de tu familia.

En compañía

Roberto pertenece a muchos **grupos**. Las personas que hacen cosas juntas forman un grupo.

Tú y tu familia forman un grupo. Nuestra clase forma otro grupo. Tus amigos forman otro grupo.

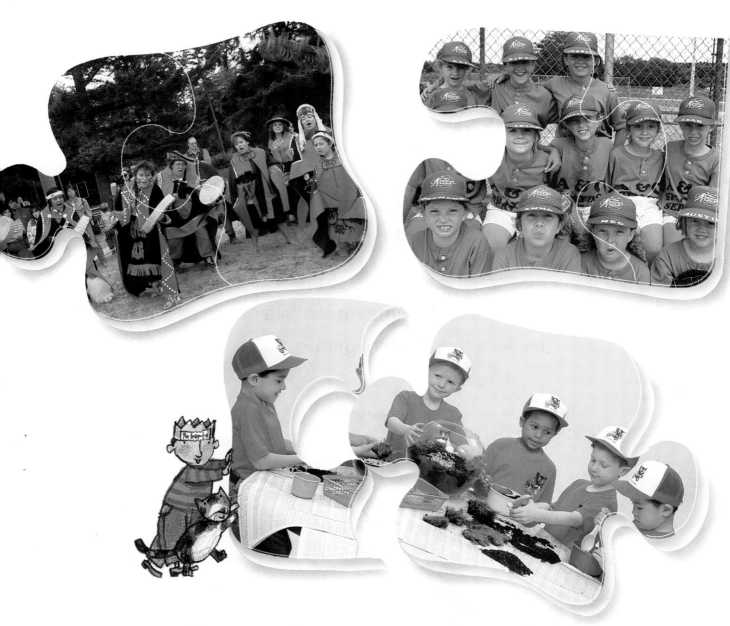

La gente forma grupos para trabajar y
también para divertirse. Para ello deben
llevarse bien. Trabajan juntos para tomar
decisiones.

1. ¿Por qué la gente trabaja en grupos?

2. ¿A qué grupos perteneces tú?

DESTREZAS DE RAZONAMIENTO
Distinguir entre parecido y diferente

Las cosas que son **parecidas** tienen algo igual. Estas fotos son parecidas porque cada una muestra un grupo de gente. ¿En qué otras cosas se parecen?

Las cosas que no son parecidas son **diferentes**. Estas fotos son diferentes porque muestran familias diferentes. ¿En qué otras cosas se diferencian?

Práctica de la destreza

Usa las fotos de esta página para contestar las preguntas.

1. Di dos cosas que hacen que estas fotos sean parecidas.

2. Di dos cosas que hacen que estas fotos sean diferentes.

3. ¿Cómo sabes si las cosas son parecidas o diferentes?

Vivir en armonía

El agente de policía Smith visita la escuela de Roberto.

—Nos llevamos bien si obedecemos las **reglas** —dice el agente Smith—. Algunas reglas nos dicen qué cosas debemos hacer. Otras nos dicen qué cosas no debemos hacer.

Obedecemos las reglas

—Las reglas nos ayudan a vivir en armonía. Y nos protegen —dice el agente Smith.

Mira las ilustraciones. ¿Qué niños obedecen las reglas?

Reglas de la escuela

SILENCIO

SILENCIO

¡TEN CUIDADO!

Ponte el cinturón de seguridad.

Ponte el casco.

No hables con desconocidos.

Cruza con la luz verde.

Una **ley** es una regla que todas las personas deben obedecer. Estos dibujos muestran reglas y leyes —dice el agente Smith—. Si las obedecen no van a correr peligro.

El agente Smith lleva a los niños a dar un paseo: —Algunas leyes aparecen en carteles. —dice el agente Smith—. Los carteles nos dicen qué debemos hacer o qué no debemos hacer.

1. ¿Cómo te ayudan las reglas y leyes a llevarte bien con los demás? ¿Cómo te protegen?

2. ¿Qué nueva regla necesita tu clase?

CIUDADANOS
Tomar decisiones

Un problema en el parque

Hoy nuestra clase jugó al aire libre.
No todos se llevaron bien.

¿Qué reglas necesita la clase para llevarse bien y jugar sin discutir?

Ellas no dejan jugar a nadie en los columpios.

¡No! Yo estaba primero.

Yo estaba primero.

57

DESTREZAS DE ESTUDIO
Uso de las tablas

Las **tablas** muestran información usando palabras y dibujos. Esta tabla muestra algunas reglas que hay que obedecer.

Mira la tabla. Levantar la mano para hablar es una regla de la escuela. ¿Cuáles son las reglas de la casa? ¿Cuáles son las reglas para jugar?

Reglas para la casa, la escuela y el juego				
	Levantar la mano	Compartir con otros	No empujar	Colgar la ropa
Escuela	✔	✔	✔	✔
Casa		✔	✔	✔
Juego		✔	✔	

Práctica de la destreza

Esta tabla muestra cómo la clase de Roberto va a ayudar a la maestra. Usa la tabla para contestar las preguntas.

Maneras de ayudar en la clase				
	Poner los libros en su lugar	Borrar la pizarra	Dar de comer a Saltarín	Repartir hojas y creyones
Roberto	✔			
Sara		✔		
Miguel				✔
Julia			✔	

1. ¿Cuántos niños van a ayudar?
2. ¿Cómo va a ayudar Sara?
3. ¿Quién va a dar de comer a Saltarín, el conejo de la clase?
4. ¿A qué te ayudan las tablas?

Tu voto es importante

Cada persona quiere cosas diferentes. Las personas pueden **votar** por lo que quieren. Votar significa escoger algo o a alguien.

La familia de Roberto vota para saber qué harán después de la cena. Todos quieren armar un rompecabezas, excepto la hermana de Roberto.

La clase de Roberto votó para decidir qué hacer después del almuerzo. Votar es una forma justa de tomar decisiones.

El pizarrón muestra cómo votaron. ¿Qué escogió la mayoría de los niños?

Nuestra actividad de la clase
1. Cantar X X X X
2. Jugar a algo X X X X X X
3. Escuchar un cuento X X X X X
4. Pintar X X X X

La gente también vota para escoger a sus líderes. Los niños exploradores votaron y escogieron a Roberto para encabezar el desfile.

Los **ciudadanos** de Estados Unidos votan para escoger a sus gobernantes. Un ciudadano es una persona que pertenece a un país. Todos los que nacen en Estados Unidos son ciudadanos de nuestro país. Las personas que vienen de otros países también pueden hacerse ciudadanos.

Los ciudadanos que tienen 18 años de edad o más pueden votar para escoger al **presidente** de Estados Unidos. El presidente es el gobernante de nuestro país.

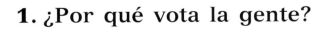

1. ¿Por qué vota la gente?

2. ¿Por qué cosas votas tú en la escuela y en tu casa?

La familia y los amigos en Japón

ESTADOS UNIDOS

JAPÓN

こんにちは

¡Konnichiwa! (Que quiere decir hola.) Me llamo Miko Ota y vivo en Japón.

Ésta es mi familia. Nos queremos y cuidamos unos a otros. Mi abuelo y abuela viven con nosotros.

Camino a la escuela con mis amigos.
Obedecemos reglas que nos ayudan a estar
fuera de peligro. Usamos sombreros amarillos
para que los conductores nos puedan ver
cuando cruzamos la calle.

Los niños en Japón estudiamos mucho en la
escuela. A mí me gusta leer y escribir.

¡Sayonara! ¡Adiós!

さようなら

1. ¿A qué grupos pertenece Miko?

2. ¿En qué se parece la vida de Miko a
la tuya? ¿En qué se diferencia?

VARIAS VOCES

Y

AHORA... una canción

El Mundo

Letra y música de Ella Jenkins
Traducción y adaptación de Pablo Ortiz

¡Oh! qué gran-de es el mun - do, qué pe - que-ño es el mun - do. Y siem -

pre hay lu - gar ___ pa - ra ti y pa - ra mí. ¡Ay! qué

lar-go es el mun - do y qué an-cho es el mun - do. Y siem -

es grande, el mundo es pequeño

pre se pue - de ver lo de a - quí y lo de a llí. 1. Via - ja -
2. Via - ja -

mos en un bar - qui - to, o qui - zás en a - vion - ci - tos. Via - ja -
mos en au - to - bús ___ o via - ja - mos en un tren. ___ Qui - zás

mos con u - na dan - za, qui - zás ha - cien - do jue - gui tos.
con u - na can - ción ___ y con tu nom - bre tam - bién. ___

REPASO DE LA UNIDAD 2

Piensa en las palabras

Usa estas palabras para completar las oraciones.

familia	grupo	reglas	ley
votar	ciudadano	presidente	

1. Una _____ es una regla que todos deben obedecer.
2. Las personas de un/una _____ se quieren y se cuidan.
3. Las personas que hacen cosas juntas forman un/una

   _____ .
4. La gente se lleva bien cuando obedece las _____ .
5. _____ significa elegir algo o a alguien.
6. El _____ es el gobernante de nuestro país.
7. Una persona que pertenece a un país es un _____ .

Piensa en las ideas

1. Menciona cosas que las familias pueden hacer juntas.
2. ¿Por qué las personas pertenecen a grupos?
3. ¿A qué ayudan las leyes a las personas?
4. ¿Qué ocurre si la gente no obedece las reglas?
5. ¿Por qué votar es una buena forma de escoger algo?

COMPÁRTELO CON UN AMIGO ¿A qué grupos perteneces?

¿En qué se parecen y diferencian estos grupos?

Uso de las destrezas

Repaso: uso de las tablas

1. ¿Qué muestra la tabla?

2. ¿A qué ayuda Roberto en la casa?

3. ¿Qué trabajo comparten Alma y su padre?

4. ¿Qué trabajo hace la mamá de Roberto?

Familia Ramos	Lavar y secar platos	Desempolvar	Dar de comer al gato	Poner la mesa	Sacar la basura
Roberto			✔	✔	
Alma	✔	✔			
Mamá					✔
Papá	✔				

TRABAJOS QUE HACEMOS EN CASA

¡Haz la tuya!

- Haz una tabla de trabajos para un grupo al que perteneces. Da un nombre a la tabla.

- Escribe algunos de los trabajos en la parte de arriba de la tabla.

- Escribe los nombres al lado de la tabla.

- Marca los cuadros con el trabajo que hicieron.

Uso de las destrezas

Repaso: distinguir entre parecido y diferente

Usa los dibujos para contestar las preguntas.

1. ¿En qué se parecen los dibujos?
2. ¿En qué se diferencia la niña de estos dibujos?
3. ¿En qué se diferencia la familia en estos dibujos?
4. ¿En qué te pareces o te diferencias a la niña de estos dibujos?

Familia de Gabi

Familia de Gabi

PROYECTO DE LA UNIDAD

Haz un rompecabezas

- Haz el dibujo de un grupo al que tú perteneces.
- Corta el dibujo como si fuera un rompecabezas.
- Pide a un amigo que arme el rompecabezas.

Lectura individual

Puedes buscar estos libros en la biblioteca.

72

UNIDAD TRES

La gente y el trabajo

Palabras clave

trabajo	necesidades
productos	vivienda
servicio	deseos
voluntario	medio de transporte

Todos tenemos un trabajo

Me llamo Pamela. Mi **trabajo** es darle de comer a mi perro. Un trabajo es algo que la gente hace.

Mi mamá, mi papá y mi hermana Lisa hacen trabajos en casa. Nos gusta trabajar juntos.

Mamá y papá también tienen trabajos fuera de casa. A ellos les pagan dinero por su trabajo.

Mamá trabaja en una panadería. Su trabajo es preparar cosas ricas para comer.

Mi papá trabaja en un hospital. Su trabajo es hacer radiografías.

Algunas personas fabrican y otras cultivan. Las cosas que la gente fabrica o cultiva se llaman **productos**. Mi mamá hace pan.

Algunas personas hacen trabajos para otras personas. Esos trabajos se llaman **servicios**. Mi papá ayuda a los doctores a curar a la gente.

Algunas personas trabajan
sin que les paguen. Ellos son
voluntarios. Lisa es
voluntaria en un hospital.

1. ¿En qué trabajo se fabrican
productos? ¿En qué trabajo
se da un servicio?

2. ¿Qué trabajos hacen los
niños en tu clase?

77

Necesidades y deseos

Las personas tienen **necesidades**. Las necesidades son las cosas que la gente debe tener para vivir. Todos necesitamos agua y alimentos. Las manzanas son mi alimento favorito.

Todos necesitamos una **vivienda**. Una vivienda es un lugar para vivir.

Las personas necesitan ropa. Hay ropa que nos mantiene frescos. Otra nos mantiene abrigados y secos.

La gente también necesita cariño y cuidados. ¿Cómo mostramos nuestro cariño a los demás?

La gente también tiene **deseos**. Los
deseos son las cosas que nos gustaría tener,
pero que no necesitamos para vivir. Yo
deseo tomar clases de baile. Mi hermana
quiere una computadora. Mis padres
desean hacer un viaje con la familia.

No podemos tener todo lo que deseamos.
Nosotros compramos primero lo que
necesitamos y después lo que deseamos.

A veces las personas no pueden comprar las cosas que necesitan. Mi familia ayuda a las personas que viven en un albergue. En el albergue se les da comida, ropa y un lugar donde vivir.

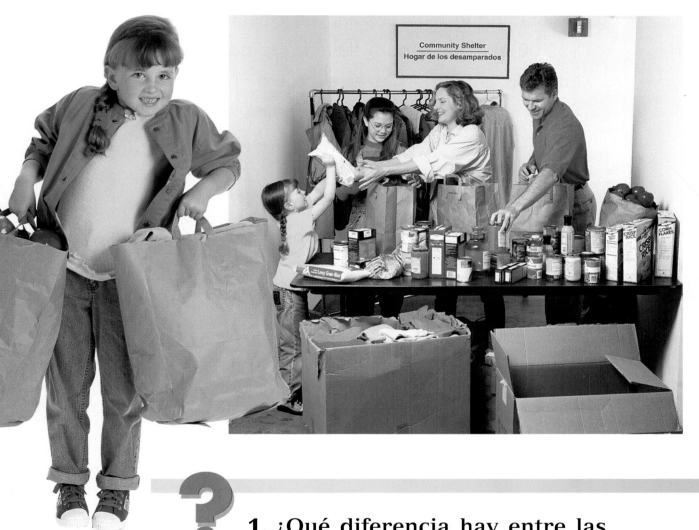

1. ¿Qué diferencia hay entre las necesidades y los deseos?

2. ¿Por qué la gente tiene que escoger lo que compra?

CIUDADANOS
Tomar decisiones

¿Cómo deberíamos gastar nuestro dinero?

Los niños de la clase de Pamela vendieron galletas en la feria escolar. La clase ganó $50.00 en total. Ahora tienen que ponerse de acuerdo en cómo gastar el dinero. Todos tienen una idea diferente. Ayúdalos a decidir.

Un árbol para la escuela

¡Una fiesta!

Dar dinero al
hogar de animales

Libros
nuevos para
la clase

LECCIÓN 3

Transporte de productos y personas

En las tiendas compramos las cosas que necesitamos y las que deseamos. Aquí ves cómo llegan a una tienda los pantalones.

84

   Los trenes son un **medio de
transporte**. Los medios de transporte
llevan a la gente y las cosas de un lugar
a otro. ¿Cómo llegan los pantalones desde
el tren hasta la tienda?

Los medios de transporte llevan productos de Estados Unidos a otros países. También traen productos de otros países a Estados Unidos. Mira las ilustraciones. ¿Qué medios de transporte ves?

¿Qué medios de transporte puedes ver en tu comunidad?

1. ¿Qué es un medio de transporte?

2. ¿A qué ayudan los medios de transporte?

DESTREZAS DE RAZONAMIENTO
Separar en grupos

Pamela quería **separar** estos dibujos en grupos. Para separarlos, Pamela puso juntas las cosas que eran parecidas.

Primero, Pamela miró uno de los dibujos. Luego, buscó otros parecidos. Pamela puso en un grupo los dibujos del autobús escolar, del avión y del bote. A ese grupo lo llamó "Transporte". Mira los otros dibujos. Di qué grupo podrían formar.

Transporte

Práctica de la destreza

Usa los siguientes dibujos para contestar las preguntas sobre cómo separar cosas en grupos.

1. ¿Qué grupos puedes formar con estos dibujos?
2. ¿En qué se parecen las cosas de cada grupo?
3. Menciona cosas de tu salón que se pueden separar en grupos.

¿Qué es el dinero?

Usamos el dinero para comprar cosas.
El dinero viene en monedas y billetes de
diferentes valores. ¿Cuánto valen dos
monedas de 5 centavos?

En Estados Unidos, los billetes se imprimen en Washington, D.C.

Las monedas son acuñadas en fábricas especiales. La fábrica de monedas más grande del mundo está en Filadelfia.

1. Menciona algunas monedas de diferentes valores.

2. ¿Cómo pagaríamos por las cosas si no tuviéramos monedas ni billetes?

El dinero de otros países

Canadá

Todos los países del mundo tienen su propio dinero. El dinero de cada país es diferente al dinero de otros países.

México

Estados Unidos

Brasil

92

Francia

Japón

Inglaterra

Los billetes de Estados Unidos se llaman dólares. Los billetes de otros países tienen otros nombres. En Inglaterra es la libra esterlina y en México es el peso.

?

1. ¿Cómo se llaman los billetes de Inglaterra?

2. ¿Cómo podrías separar el dinero de estas páginas en dos grupos?

Australia

Nigeria

DESTREZAS DE ESTUDIO
Uso de pictogramas

Una **gráfica de pictogramas** usa dibujos para mostrar cantidades. El encabezado de la gráfica de pictogramas nos dice de qué se trata. Esta gráfica muestra algunas de las monedas que tiene Pamela. Cada pictograma representa una moneda.

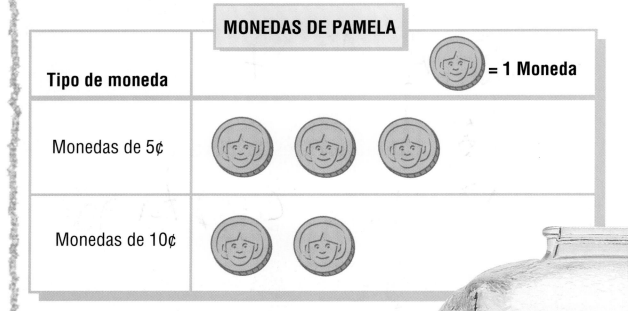

MONEDAS DE PAMELA

Tipo de moneda	= 1 Moneda
Monedas de 5¢	
Monedas de 10¢	

Fíjate en el nombre de cada moneda. Después cuenta los pictogramas que hay junto a cada nombre. Pamela tiene dos monedas de 10 centavos. ¿Cuántas monedas de 5 centavos tiene?

Práctica de la destreza

Pamela también tiene dinero de otros países.
Usa esta gráfica de pictogramas para contestar
las preguntas.

MONEDAS DE OTROS PAÍSES

= 1 Moneda

País	
Brasil	
Inglaterra	
Japón	
Nigeria	

1. ¿Qué muestra esta gráfica?

2. ¿Cuántas monedas de Inglaterra tiene
Pamela?

3. ¿De dónde tiene más monedas Pamela,
de Japón o de Brasil? ¿Qué hiciste para
saber esto?

Nada más

Con esta moneda
me voy a comprar
un ramo de cielo
y un metro de mar,
un pico de estrella,
un sol de verdad,
un kilo de viento
y nada más.

—*María Elena Walsh*

REPASO DE LA UNIDAD 3

Piensa en las palabras

Di si estas oraciones son verdaderas o falsas. Si la oración es falsa, escribe la forma correcta.

1. Toda la gente tiene los mismos **deseos**.
2. Una **vivienda** es un lugar para vivir.
3. Los **productos** se hacen o se cultivan.
4. Las **necesidades** son lo que no necesitamos.
5. Un **medio de transporte** desplaza a la gente o a las cosas de un lugar a otro.
6. Un **servicio** es el trabajo que haces para otros.
7. A un **voluntario** se le paga por su trabajo.
8. Un **trabajo** es algo que la gente hace.

Piensa en las ideas

1. ¿Por qué trabaja la gente?
2. Nombra cuatro necesidades que todos tenemos.
3. Di cómo ayuda la gente de tu comunidad.
4. Menciona dos cosas en las que el dinero de Estados Unidos se parece al de otros países.

COMPÁRTELO CON UN AMIGO

¿Qué trabajo te gustaría hacer cuando seas grande? ¿Por qué?

Uso de las destrezas

Repaso: uso de una gráfica de pictogramas

1. ¿Qué muestra esta gráfica de pictogramas?
2. ¿Cuántas personas trabajan en una oficina?
3. ¿Cuántas personas trabajan en una tienda?
4. ¿Dónde trabaja la mayoría de las personas?

Lugar donde trabajan nuestros familiares	🧍 Representa a un trabajador
Fábrica	🧍 🧍 🧍 🧍 🧍 🧍
Tienda	🧍 🧍 🧍 🧍 🧍
Oficina	🧍 🧍 🧍 🧍

¡Haz la tuya!

- Haz una gráfica de pictogramas que muestre cuántas veces ayudaste en tu casa esta semana.
- Escribe tres trabajos al lado de la gráfica de pictogramas.
- Dibuja una casa para mostrar cuántas veces ayudaste.

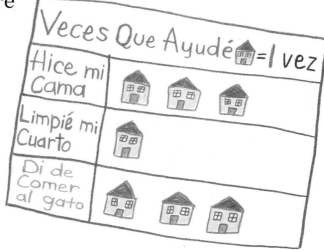

Veces Que Ayudé 🏠 = 1 vez

Hice mi Cama	🏠 🏠 🏠
Limpié mi Cuarto	🏠
Di de Comer al gato	🏠 🏠 🏠

Uso de las destrezas

Repaso: separar en grupos

Usa estos dibujos para contestar las preguntas sobre cómo separar cosas en grupos.

1. Separa estos dibujos en dos grupos.
2. ¿En qué se parecen las cosas de cada grupo?
3. ¿En qué se diferencian los dos grupos?
4. ¿Qué otras cosas podrías agregar a cada grupo?

PROYECTO DE LA UNIDAD

Haz las tiendas de un vecindario

- Escoge qué tienda vas a hacer.
- Usa un trozo de papel para hacer las ventanas. Pégalas a una caja de zapatos.
- Haz dibujos o usa recortes que muestren los productos o servicios que vende tu tienda.
- Haz un cartel para tu tienda.

Lectura individual

Puedes buscar estos libros en la biblioteca.

Nuestro mundo

Palabras clave

llanura

colina

montaña

lago

río

océano

tiempo

estación

continente

recurso natural

Nuestra tierra y nuestra agua

Imagínate que vuelas por encima de Estados Unidos montado en un papalote. Verías muchos tipos de terrenos y de masas de agua.

Este terreno plano se llama **llanura**. Las llanuras son buenas para el cultivo. Esta llanura está en Wisconsin.

104

Estas **colinas** están en California. Una colina es un terreno más alto que el terreno de su alrededor.

Las **montañas** son el tipo de terreno más alto que existe. Éste es el monte McKinley, en Alaska. Es la montaña más alta de nuestro país.

Un **lago** es una masa de agua completamente rodeada de tierra. La ciudad de Chicago está a orillas del lago Michigan. Hay lagos grandes y lagos pequeños.

Un **río** es una masa de agua que se desliza por la tierra. Este río está en Dakota del Norte.

Algunos ríos desembocan en lagos. Otros ríos desembocan en **océanos**. Un océano es una gran masa de agua salada. Éste es el océano Atlántico.

?

1. Separa <u>llanura</u>, <u>río</u>, <u>montaña</u> y <u>lago</u> en dos grupos.

2. ¿En qué se diferencian los lagos de los ríos?

DESTREZAS GEOGRÁFICAS

Los puntos cardinales

Norte, sur, este y oeste son los cuatro **puntos cardinales** de la Tierra. Estos puntos cardinales te ayudan a orientarte al usar un mapa.

El norte es la dirección hacia el polo Norte. El sur es la dirección hacia el polo Sur. Si miras hacia el norte, el este está a tu derecha. ¿Qué punto cardinal está a tu izquierda?

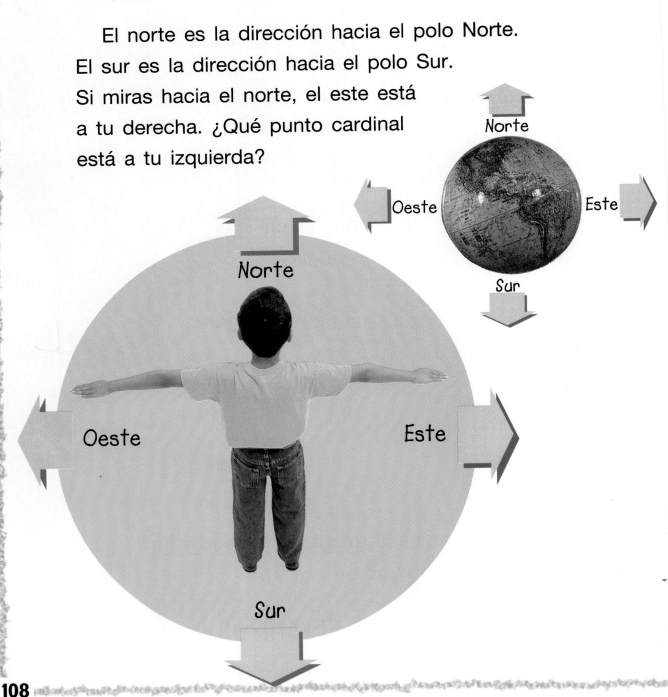

Norte

Oeste

Este

Sur

Norte

Oeste

Este

Sur

Práctica de la destreza

Usa este mapa del estado de Kentucky para contestar las siguientes preguntas.

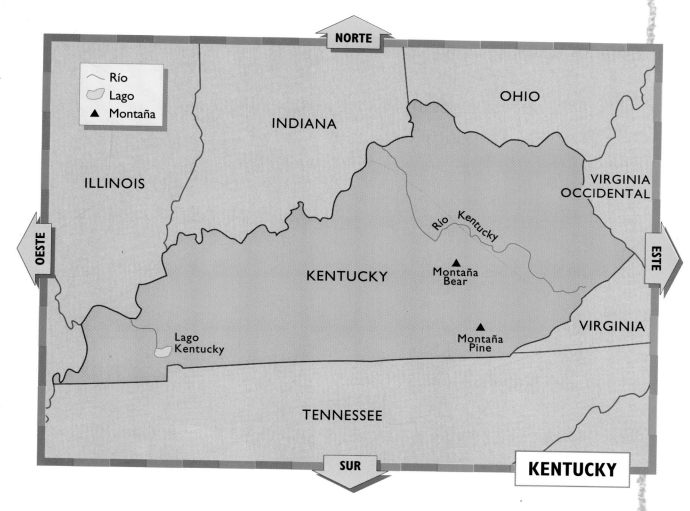

1. Encuentra la montaña Pine. ¿Está al norte o al sur de la montaña Bear?

2. Nombra un estado que esté al norte de Kentucky.

3. ¿Para qué te sirven los puntos cardinales?

¿Cómo está el tiempo?

Isabel vive en Indiana y Matt vive en California. Isabel quiere saber si el **tiempo** es igual en los dos estados. El tiempo es cuando decimos si llueve, nieva, hace calor o frío. Lee las cartas. ¿Qué descubrió Isabel?

Querido Matt:

Ayer llovió. Después empezó a nevar y nevó toda la noche. Hoy hace sol, pero también hace frío. Hice este muñeco de nieve. ¿Nevó también en California?

Tu amiga,
Isabel

Querida Isabel:

El día que nevó allí, aquí llovió mucho. Al día siguiente salió el sol e hizo calor. Papá me llevó a la playa. Éste es el muñeco de arena que hice. ¡Me gusta mucho tu muñeco de nieve!

Tu amigo,
Matt

Isabel descubrió que el mismo día puede hacer diferente tiempo en cada ciudad. En un mismo día puede hacer frío en el norte y calor en el sur.

En muchos lugares el tiempo cambia con las **estaciones**. Las estaciones son: primavera, verano, otoño e invierno. Estas fotos muestran cómo son las estaciones en el lugar donde vive Isabel.

Verano

Primavera

Invierno

Otoño

¿Cómo debes cambiar tu forma de vestir de acuerdo a las estaciones? ¿Cómo influyen las estaciones en tus juegos?

1. Usa las palabras <u>ayer</u>, <u>hoy</u> y <u>mañana</u> para hablar del tiempo.

2. Di cómo son las estaciones donde tú vives. ¿En qué se parecen a las de Isabel? ¿En qué se diferencian?

DESTREZAS DE RAZONAMIENTO

Poner las cosas en orden

Cuando pones las cosas en **orden**, indicas qué va primero, qué va después y qué va al final. Puedes poner cosas en orden de acuerdo al tamaño o de acuerdo a cuándo ocurrieron.

Estas fotos están ordenadas de acuerdo a cuándo ocurrieron. La foto que está primero muestra una bola de plastilina. ¿Qué muestra la foto que va después? La última foto muestra un muñeco de nieve hecho de plastilina.

Práctica de la destreza

Pon en orden las fotos de abajo.

1. ¿Qué foto va primero? ¿Por qué?

2. ¿Qué foto va después? ¿Por qué?

3. ¿Qué foto va al final? ¿Por qué?

4. ¿Por qué es importante el orden de
las fotos para contar una historia?

ALREDEDOR DEL MUNDO

Nuestros vecinos: Canadá y México

Estados Unidos tiene un país vecino al norte. Ese país es Canadá. México es nuestro vecino al sur.

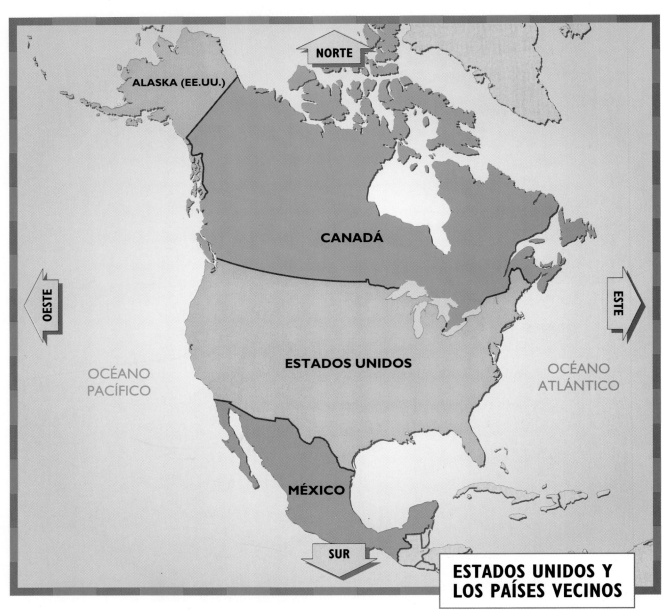

NORTE

ALASKA (EE.UU.)

CANADÁ

OESTE

ESTE

ESTADOS UNIDOS

OCÉANO PACÍFICO

OCÉANO ATLÁNTICO

MÉXICO

SUR

ESTADOS UNIDOS Y LOS PAÍSES VECINOS

Taqtu vive en Canadá. Allí hace frío en invierno. En verano hace calor.

Carlos vive en México. Allí el tiempo es casi siempre cálido y soleado.

EL MUNDO

OCÉANO GLACIAL ÁRTICO

AMÉRICA DEL NORTE

OCÉANO PACÍFICO

OCÉANO ATLÁNTICO

OESTE

AMÉRICA DEL SUR

OCÉANO PACÍFICO

ANTÁRTIDA

Estados Unidos, México y Canadá están en el **continente** de América del Norte. Un continente es una gran masa de tierra. En la Tierra hay siete continentes. ¿Cómo se llama el continente que está al sur de América del Norte?

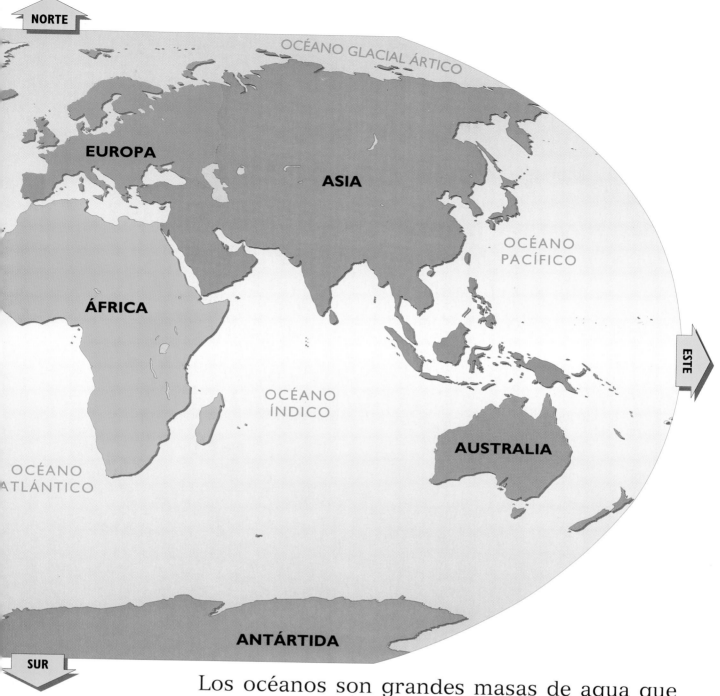

NORTE

OCÉANO GLACIAL ÁRTICO

EUROPA

ASIA

OCÉANO
PACÍFICO

ÁFRICA

OCÉANO
ÍNDICO

ESTE

OCÉANO
ATLÁNTICO

AUSTRALIA

ANTÁRTIDA

SUR

Los océanos son grandes masas de agua que
rodean a los continentes. Nombra los cuatro
océanos de la Tierra.

1. ¿Cuáles son los dos países vecinos
de Estados Unidos?

2. ¿Por qué es importante estudiar
otros países?

119

Uso de los recursos naturales

Los **recursos naturales** son las cosas de la naturaleza que la gente usa. El aire, el agua y la luz del sol son recursos naturales. Necesitamos esos recursos para vivir.

Los animales, las plantas y la tierra también son recursos naturales. Los usamos para obtener alimentos y otros productos. Los recursos naturales como el carbón, el petróleo y el gas se obtienen bajo tierra. Con ellos calentamos nuestras casas.

Los árboles son otro recurso natural, con ellos
se hacen muchas cosas.

Todos necesitamos agua limpia. Aquí puedes ver varias maneras de usar este recurso.

1. ¿Cuáles son tres recursos naturales que tú usas?

2. ¿Por qué son importantes para nosotros los recursos naturales?

123

Cuidado de los recursos naturales

—Bienvenidos al Parque estatal Chain O'Lakes en Indiana —dice la señorita Hart. Ella trabaja en el parque.

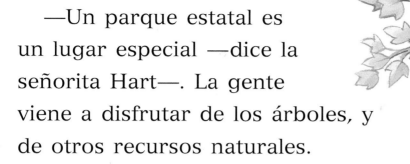

—Un parque estatal es
un lugar especial —dice la
señorita Hart—. La gente
viene a disfrutar de los árboles, y
de otros recursos naturales.

Es importante cuidar los recursos
naturales. Si los usamos mal, no nos
quedará ninguno.

Éstas son algunas de las cosas que puedes hacer para cuidar nuestro planeta Tierra:

Ayuda a los animales.

Mantén nuestra tierra, aire y agua limpios y hermosos.

Guarda estas cosas. Con ellas se pueden hacer cosas nuevas.

Úsalas todas las veces que puedas.

1. ¿Cómo puedes ayudar a cuidar los recursos naturales de la Tierra?

2. ¿Qué podría pasar si no cuidamos los recursos naturales?

127

CIUDADANOS
Un aporte positivo

Earth Niños

Yvette Ugalde quiere que la Tierra sea un lugar limpio con muchos árboles. Por eso se hizo miembro de un club llamado Earth Niños. Estas palabras en inglés y español quieren decir "Niños por la Tierra". El club está en Los Ángeles, California.

Yvette y sus compañeros recogen latas vacías.

CALIFORNIA

Los Ángeles

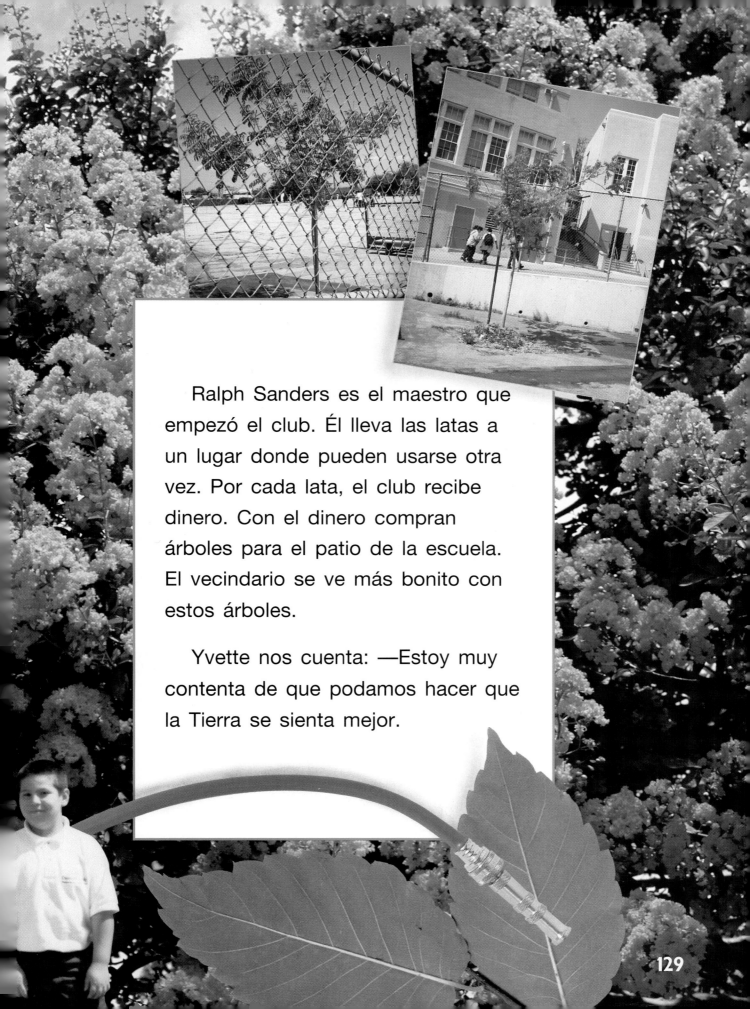

Ralph Sanders es el maestro que empezó el club. Él lleva las latas a un lugar donde pueden usarse otra vez. Por cada lata, el club recibe dinero. Con el dinero compran árboles para el patio de la escuela. El vecindario se ve más bonito con estos árboles.

Yvette nos cuenta: —Estoy muy contenta de que podamos hacer que la Tierra se sienta mejor.

VARIAS VOCES

Y AHORA... un cuento

LA TIERRA TAMBIÉN ES MÍA

¿QUÉ PUEDO HACER PARA SALVAR LA TIERRA?

DE
KATHLEEN KRULL

ILUSTRACIONES DE
MELANIE HOPE GREENBERG

TRADUCCIÓN DE
LUISA D'AUGUSTA

130

La Tierra también es mía.
Es el lugar donde vivo:
me da el aire que respiro,
el agua dulce que bebo,
las cosas ricas que como
y compañeros de juego.
La Tierra también es mía.

Las naranjas son jugosas,
las zanahorias, crujientes
y las lechugas, sabrosas.
Para que en la Tierra crezcan los alimentos
que van a mi tripa,
el sol tiene que brillar,
el viento debe soplar,
y la lluvia ha de mojar
la tierra fértil del campo.
Todo esto es energía de la Tierra.

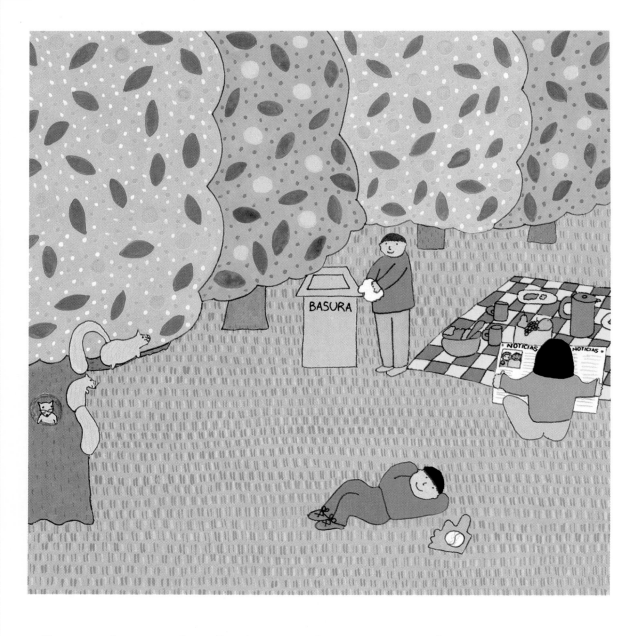

Ssss... hacen las hojas en lo alto del árbol.

Por el tronco, las ardillas van de arriba abajo.

No entiendo cómo de un árbol se saca papel.

El que usamos a diario

sale de árboles como aquél.

¡*Plis, plas!* Hace el agua de la tina.

¡*Plop, plip!* Gotea el agua de la llave.

Agua fresca de la fuente.

¡Viva el agua!

Gracias a ella no estamos sucios ni sedientos.

El agua siempre nos pone contentos.

La Tierra también es mía.

El aire y el agua siempre han de estar limpios,

la tierra, fértil

y los animales, vivos.

Nada nos faltará si la cuidamos unidos.

REPASO DE LA UNIDAD 4

Piensa en las palabras

Une cada palabra con la oración que le corresponde.

llanura	colina	montaña	lago
río	océano	tiempo	estación
continentes	recursos naturales		

1. Soy la parte más alta de la tierra.
2. Soy tierra llana.
3. Soy una masa de agua salada.
4. Soy agua rodeada de tierra.
5. Somos los árboles, el aire, el agua y la luz del sol.
6. Somos siete en la Tierra.
7. Me deslizo sobre la tierra.
8. No soy ni tierra llana ni tierra muy alta.
9. Soy primavera, verano, otoño o invierno.
10. Puedo estar cálido, frío, soleado o lluvioso.

Piensa en las ideas

1. Di en qué se diferencia un río de un océano.
2. ¿Qué tipo de tierra y agua tienes cerca?
3. Di las diferencias entre cada estación.

COMPÁRTELO CON UN AMIGO

Di cómo puedes cuidar los recursos naturales en tu escuela.

138

Uso de las destrezas

Repaso: los puntos cardinales

Usa el mapa para contestar las preguntas.

1. ¿Está el lago Crater al norte o al sur del río Columbia?

2. ¿Está el río Powder al este o al oeste de las montañas Blue?

3. ¿Están las montañas Blue al este, o al oeste, del lago Crater?

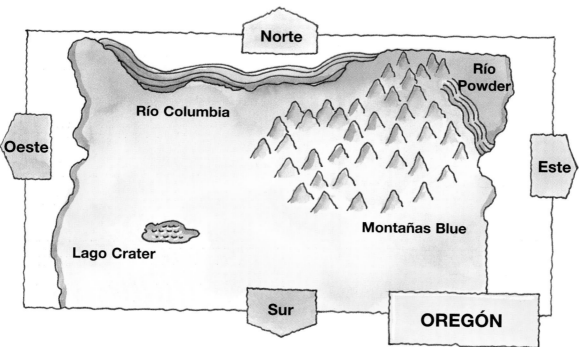

¡Haz los tuyos!

- Escribe cada uno de los puntos cardinales en diferente tarjeta.
- Pega las tarjetas a tu escritorio.
- Usa los puntos cardinales para decir dónde están las cosas en tu salón de clases.

Uso de las destrezas

Repaso: poner las cosas en orden

Ordena estos dibujos de acuerdo a cuándo ocurrieron.

1. ¿Qué dibujo va primero? ¿Por qué?

2. ¿Qué dibujo va después? ¿Por qué?

3. ¿Qué dibujo va al final? ¿Por qué?

4. ¿Por qué es importante ordenar los dibujos para contar una historia?

a.

b.

c.

PROYECTO DE LA UNIDAD

Haz un cartel con los recursos naturales.

- Dibuja diferentes recursos naturales, como el sol, el agua y los árboles.
- Haz un cartel que muestre cómo se usa uno de esos recursos naturales.
- Escribe el nombre del recurso natural como título del cartel.

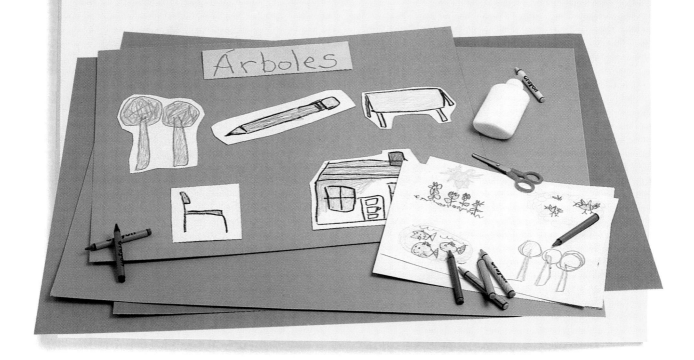

Lectura individual

Puedes buscar estos libros en la biblioteca.

UNIDAD CINCO

Sucedió en América

Palabras clave

historia

línea cronológica

indígenas
americanos

colono

asentamiento

peregrinos

Conozcamos nuestro pasado

¿Qué sabes de tu pasado? Lee este cuento y verás cómo Kevin conoció su pasado.

Mi abuela tiene una colcha de retazos de muchos colores.

—Cada retazo de la colcha me recuerda algo del pasado —dijo la abuela.

—El retazo blanco lo saqué de mi vestido de novia. Me recuerda el día que me casé con tu abuelo —explicó la abuela.

145

—El retazo rojo es de una gorra de béisbol. La gorra era de tu papá cuando era niño —dijo la abuela—. Este retazo azul es un pedazo de tu primera colcha. Tiene seis años, ¡igual que tú!

Ahora, cuando miro la colcha de la abuela, recuerdo parte del pasado de mi familia.

Nuestro país también tiene un pasado, este pasado es nuestra **historia**.

Hay muchas maneras de conocer la historia de nuestro país. Podemos visitar lugares. Podemos leer libros. ¿De qué otra forma podemos conocer nuestro pasado?

1. ¿Cómo conoció Kevin el pasado de su familia?

2. ¿Cómo podemos conocer la historia de nuestro país?

147

DESTREZAS DE ESTUDIO
Uso de las líneas cronológicas

Una **línea cronológica** muestra el orden en que ocurrieron las cosas. Esta línea cronológica muestra lo que hizo la abuela de Kevin en una semana. Cada cuadro de la línea cronológica representa un día.

Semana de la abuela						
Domingo	**Lunes**	**Martes**	**Miércoles**	**Jueves**	**Viernes**	**Sábado**
Plantó rosas.	Puso retazos a su colcha.	Trabajó en la biblioteca.	Fue de compras.	Trabajó en la biblioteca.	Celebró el cumpleaños de Kevin.	Fue al zoológico con Kevin.

La línea cronológica empieza en domingo. Ese día la abuela de Kevin plantó rosas. ¿Qué hizo el viernes?

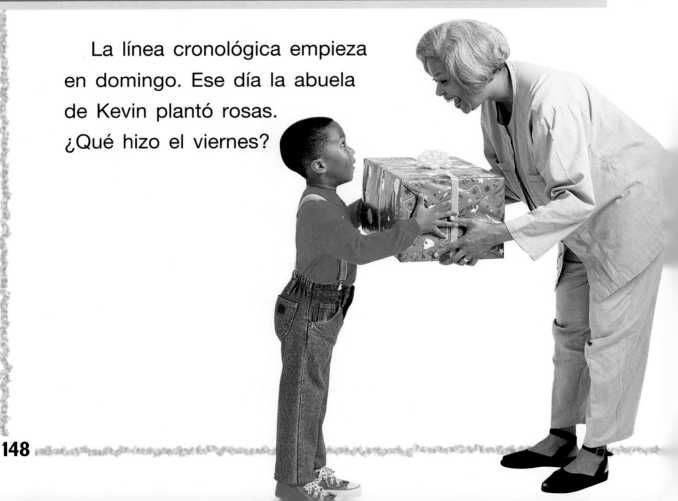

148

Práctica de la destreza

Esta línea cronológica nos muestra cosas del pasado de Kevin. Cada cuadro representa un año.

Línea cronológica de Kevin					
1 año	**2 años**	**3 años**	**4 años**	**5 años**	**6 años**
Aprendió a caminar.	Nació su hermana Jennie.	Aprendió a andar en triciclo.	Aprendió a escribir su nombre.	Empezó la escuela.	Se le cayó el primer diente.

Usa la línea cronológica para contestar las siguientes preguntas.

1. ¿Cuándo aprendió Kevin a caminar?

2. ¿Qué pasó cuando tenía 2 años?

3. ¿A qué edad empezó la escuela?

4. ¿Por qué es importante una línea cronológica para recordar tu pasado?

Los primeros habitantes de Estados Unidos

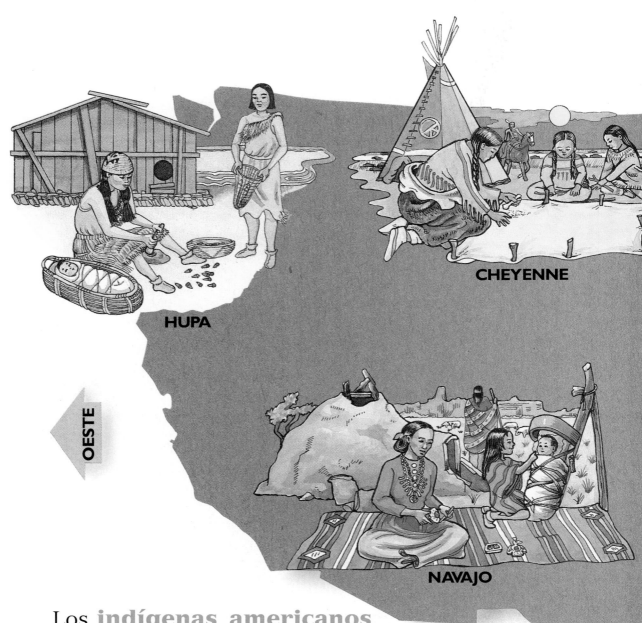

OESTE

HUPA

CHEYENNE

NAVAJO

Los **indígenas americanos** fueron los primeros habitantes de Estados Unidos. También se les conoce por el nombre de indios.

Hay diferentes grupos de indígenas americanos. Este mapa muestra dónde vivían algunos de ellos. Hoy en día, algunos indígenas viven en los mismos lugares. Busca en el mapa a los navajos.

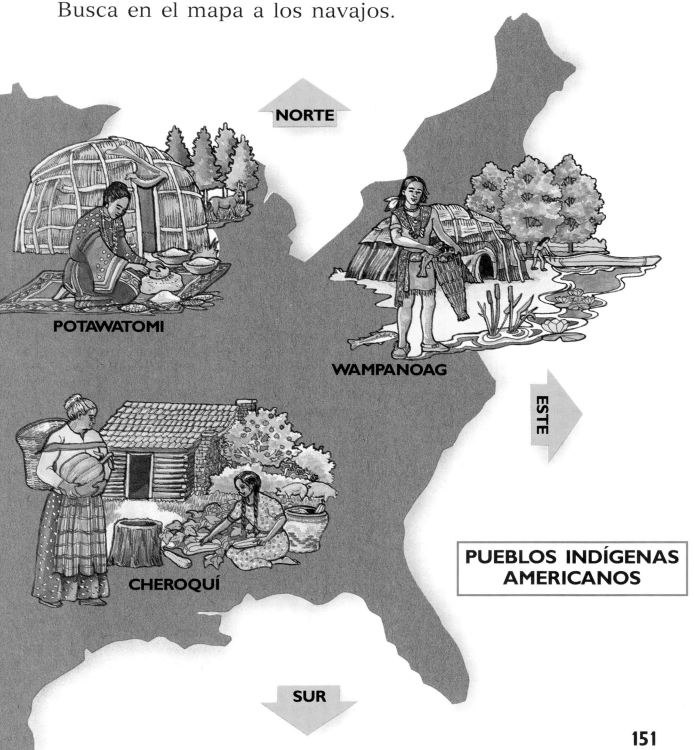

NORTE

POTAWATOMI

WAMPANOAG

ESTE

CHEROQUÍ

PUEBLOS INDÍGENAS AMERICANOS

SUR

El álbum de Deirdra

mi maestra

yo

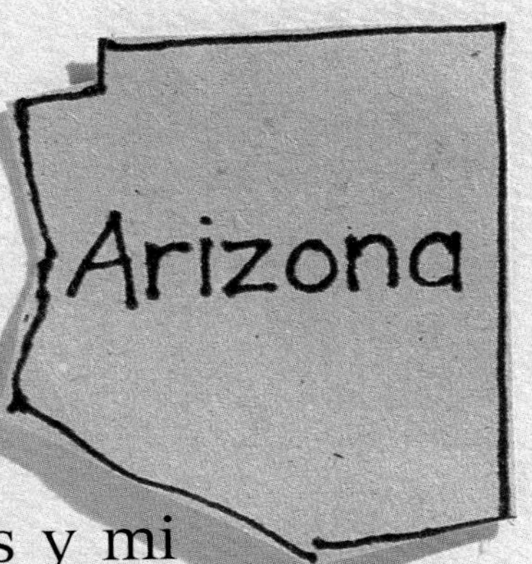

Me llamo Deirdra y soy navajo. En nuestro idioma nos decimos *Diné,* que quiere decir "la gente".

Arizona

Mi familia vive en Arizona. Ellos y mi maestra me están enseñando la historia de los navajos.

En el pasado, las familias navajo vivían en *hogans*. Los *hogans* son casas de un solo cuarto. Están hechos de troncos, cortezas y barro.

corteza↗

oveja →

Las familias navajos criaban ovejas.
De las ovejas obtenían comida y lana.
Con la lana hacían hermosas mantas y
telas.

154

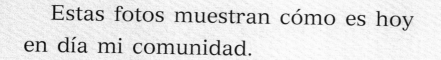

Estas fotos muestran cómo es hoy en día mi comunidad.

Algunos navajos todavía viven en *hogans*. Nosotros seguimos haciendo muchas cosas como en el pasado. ¡Qué bueno que los navajos tenemos nuestra propia historia!

1. ¿Quiénes fueron los primeros habitantes de Estados Unidos?

2. ¿Por qué crees que Deirdra quiere conocer la historia de los navajos?

Cristóbal Colón llega a América

—¡Tierra, tierra! —avisó un marinero a su capitán. El capitán era Cristóbal Colón.

Colón y su tripulación navegaron a través del océano Atlántico en tres barcos. Salieron de España hace muchos años. España es un país de Europa.

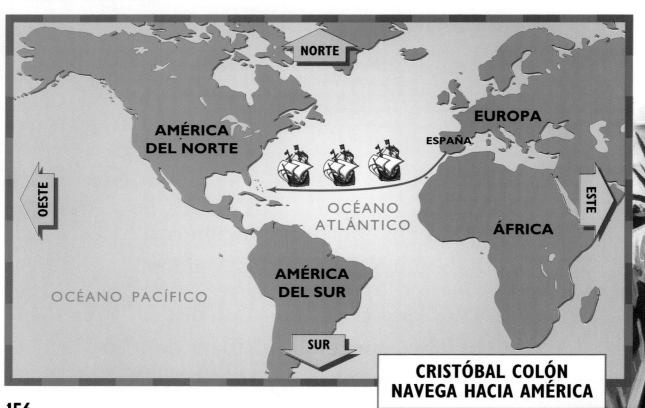

CRISTÓBAL COLÓN
NAVEGA HACIA AMÉRICA

Los barcos de Colón se llamaban la *Pinta*, la *Niña* y la *Santa María*. Colón iba a Asia en busca de oro y riquezas. Pero llegó a una isla de América del Norte.

En esa isla vivían indígenas americanos llamados taínos. Los taínos le dieron la bienvenida a Colón y a su gente.

Los taínos les regalaron a los marineros plantas y pájaros de la isla. También les dieron tomates y maíz. Los marineros nunca antes habían visto esos alimentos.

Colón regresó a España. Llevó con él los pájaros y las plantas que los taínos le habían regalado.

Colón hizo tres viajes más a Norteamérica. No encontró mucho oro, pero sí encontró un lugar que los europeos no conocían.

1. ¿Quiénes vivían en la isla donde llegó Colón?

2. ¿Por qué crees que Colón llevó a España pájaros y plantas?

DESTREZAS DE ESTUDIO
Buscar la idea principal

La **idea principal** dice de qué trata un relato. Conocer la idea principal te ayuda a entender lo que lees.

Lee el siguiente relato y busca la idea principal.

Cristóbal Colón quería conocer el mundo. Estudiaba mapas y hacía preguntas a la gente sobre los lugares donde habían estado.

A veces la idea principal está en la primera oración. La idea principal de este relato es que Cristóbal Colón quería conocer el mundo. Las otras oraciones dicen qué hizo para conocerlo.

Práctica de la destreza

Lee este relato y busca la idea principal.

Los taínos eran buenos constructores de botes, a los que llamaban canoas. Con estas canoas navegaban grandes distancias.

1. ¿Cuál es la idea principal de este relato?

2. ¿Por qué es útil saber la idea principal?

Un lugar llamado Santa Fe

Después de Colón, muchos **colonos** de otros países vinieron a América. Los colonos son personas que dejan un lugar para vivir en otro.

Los colonos españoles llegaron a México. Algunos se establecieron en lo que hoy es Nuevo México. Ellos construyeron **asentamientos**. Un asentamiento es una pequeña comunidad. Uno de esos asentamientos se convirtió en Santa Fe.

Indígenas americanos vivían cerca de Santa Fe. Los españoles los llamaron "pueblos". También les llamaron pueblos a sus casas.

Hoy Santa Fe es una de las ciudades más antiguas de nuestro país.

de visita en un pueblo

1. ¿Qué es un colono?

2. ¿Qué lugares de tu comunidad se construyeron hace mucho tiempo?

Los peregrinos en Plymouth

Más tarde llegó a América del Norte otro grupo de colonos de Inglaterra. Éstos eran los **peregrinos**.

Los peregrinos cruzaron el océano Atlántico en un barco llamado *Mayflower*. Vinieron porque querían orar a Dios en libertad.

América del Norte · América del Sur · Océano Pacífico · Océano Atlántico · África · Europa · Inglaterra · Plymouth · Norte · Sur · Este · Oeste

LOS PEREGRINOS NAVEGAN HACIA AMERICA

El viaje fue muy difícil para los peregrinos. Hubo muchas tormentas y mucha gente cayó enferma.

Un día los peregrinos finalmente oyeron gritar: "¡Tierra!" Habían llegado a América del Norte. Era invierno y hacía mucho frío.

Los peregrinos empezaron a construir el pueblo que llamaron Plymouth en lo que hoy es Massachusetts.

En primavera, se hicieron amigos de los indígenas wampanoags. Los wampanoags enviaron a Squanto a ayudar a los peregrinos. Squanto les enseñó a pescar, a cazar y a plantar maíz.

En otoño ya había abundante comida. Los peregrinos hicieron una comida especial e invitaron a los indígenas americanos.

Los peregrinos dieron gracias a Dios por la comida, por sus casas y por sus buenos amigos.

1. ¿Cómo ayudó Squanto a los peregrinos?

2. ¿Por qué los peregrinos necesitaron la ayuda de los wampanoags?

Un país de varios pueblos

Con el tiempo, mucha gente de diferentes países de Europa llegó a nuestro país.

Muchos vinieron en busca de trabajo y para empezar una nueva vida. Otros querían libertad y poder adorar a Dios a su manera.

Baltimore Historical Society

The Granger Collection

Mucha gente vino a nuestro país
en contra de su voluntad. A esa gente
la trajeron de África como esclavos.
Tuvieron que trabajar sin que se les
pagara. Ellos soñaban con ser libres.
Pero ese día tardó mucho tiempo en
llegar.

Llegaron muchas personas a este país.
Ellos construyeron casas, formaron
familias y trabajaron mucho.

Los pueblos y las ciudades crecieron.
Así se fue formando un nuevo país:
Estados Unidos de América.

The Granger Collection

Chin Yee Hee nació en China. Él y mucha otra gente de su país planearon y construyeron las vías del ferrocarril. Estas vías unieron pueblos y ciudades a lo largo de Estados Unidos.

Edward Corsi llegó a Estados Unidos
cuando era un niño. Él y su familia vinieron
desde Italia en barco. Estados Unidos era el
país en el que siempre habían soñado vivir.

Lo primero que Edward vio fue la Estatua
de la Libertad. Él recuerda que los padres
levantaban a sus hijos para que vieran la
estatua.

Hoy en día, todavía viene mucha gente a Estados Unidos. Vienen de diferentes países del mundo. Estados Unidos sigue siendo el sueño de muchos.

1. Di por qué la gente vino a Estados Unidos hace mucho tiempo.

2. ¿Por qué crees que viene la gente a Estados Unidos hoy en día?

CIUDADANOS
Un aporte positivo

NUEVA YORK

Ciudad de Nueva York

La señorita Janey
y la clase

Bienvenidos a la
Ciudad de Nueva York

Janey Markon es maestra en la Ciudad de Nueva York. Ella trabaja en el programa *Project Reach Youth*. Ella ayuda a los niños de otros países que vienen a vivir a Nueva York.

La señorita Janey sabe que ir a vivir a otro lugar no es fácil. Hay mucho que aprender.

Tomando el autobús

Jelen

La señorita Janey enseña inglés a los niños. Les muestra cómo usar el dinero y cómo viajar en autobús. Ella dice: —Mientras más conozcan los niños esta ciudad, más rápido se sentirán como en su casa.

Jelen DeCastro es estudiante de la señorita Janey. Él es de la República Dominicana. ¡Le encanta la pizza de Nueva York!

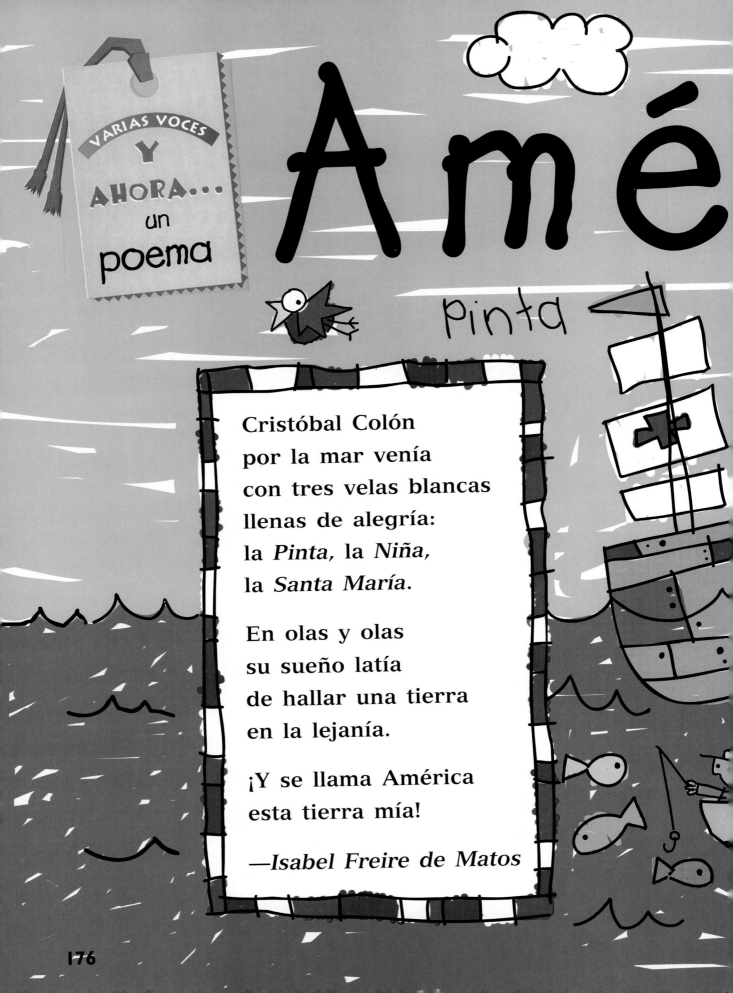

Amé

pinta

Cristóbal Colón
por la mar venía
con tres velas blancas
llenas de alegría:
la *Pinta*, la *Niña*,
la *Santa María*.

En olas y olas
su sueño latía
de hallar una tierra
en la lejanía.

¡Y se llama América
esta tierra mía!

—*Isabel Freire de Matos*

176

REPASO DE LA UNIDAD 5

Piensa en las palabras

Escoge la palabra o palabras que sean más apropiadas para cada oración.

> **historia   peregrinos   colonos   asentamiento indígenas americanos**

1. A esta gente también se les llama indios.

2. Ésta es una pequeña comunidad construida por los colonos.

3. Esta gente se va a vivir a otro lugar.

4. Éste es el pasado de nuestro país.

5. Esta gente llegó a Norteamérica en el *Mayflower*.

Piensa en las ideas

1. ¿Quiénes fueron los primeros habitantes de Estados Unidos?

2. ¿Cómo cambió Norteamérica después de la llegada de Colón?

3. ¿Por qué los peregrinos hicieron una comida especial?

4. ¿Por qué venía la gente a Estados Unidos?

COMPÁRTELO CON UN AMIGO

¿Cuál es tu relato favorito sobre la historia de nuestro país? Di por qué.

Uso de las destrezas

Repaso: uso de las líneas cronológicas

Usa la línea cronológica para responder las preguntas.

El primer año de los peregrinos

| **Invierno** Los peregrinos llegaron a América. | **Primavera** Los peregrinos conocieron a los wampanoags. | **Verano** Había mucho maíz en los campos. | **Otoño** Se escogió un día para dar gracias. |

1. ¿Qué ocurrió en el otoño?
2. ¿Qué ocurrió en la primavera?
3. ¿Cuándo llegaron los peregrinos a Norteamérica?

¡Haz la tuya!

Mi semana

- Escribe cada día de la semana en la parte de arriba de diferentes hojas de papel.
- Dibuja y escribe lo que hiciste ese día.
- Ordena los dibujos. Empieza por el domingo.
- Une y pega tu línea cronológica.

Uso de las destrezas

Repaso: buscar la idea principal

Lee este párrafo y busca la idea principal.

> **Mucha gente de diferentes lugares hicieron comunidades en Norteamérica. Construyeron casas y granjas. Trabajaron en las escuelas. Construyeron los ferrocarriles.**

1. ¿Cuál es la idea principal de este párrafo?

2. ¿Cuáles son los tres dibujos que ilustran la idea principal?

3. ¿Qué dibujo no ilustra la idea principal? ¿Por qué?

a.

b.

c.

d.

PROYECTO DE LA UNIDAD

Haz un libro de historia

- Escoge una persona o grupo de nuestra historia, como los peregrinos.
- Haz tres dibujos acerca de esa persona o grupo.
- Escribe una oración debajo de cada dibujo.
- Haz un agujero en cada página.
- Ata las páginas de tu libro con un trozo de lana.

Lectura individual

Puedes buscar estos libros en la biblioteca.

UNIDAD SEIS

Celebraciones de Estados Unidos

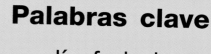

Palabras clave

día feriado

calendario

celebrar

Día de los Presidentes

Los **días feriados** son fechas especiales. En esos días recordamos a personajes o hechos importantes del pasado.

En febrero tenemos el Día de los Presidentes. Ese día recordamos a George Washington. También recordamos a otro presidente, llamado Abraham Lincoln.

George Washington

Monumento a Washington

Hace muchos años Estados Unidos obedecía las leyes de Inglaterra.

Para lograr la libertad, luchamos en una guerra. George Washington fue nuestro líder y más tarde, nuestro primer presidente. Por eso le llamamos "el padre de la patria".

185

Abraham Lincoln fue nuestro presidente mucho después que George Washington. De niño, Lincoln fue muy pobre. Tuvo que trabajar mucho para llegar a ser líder.

Abraham Lincoln fue líder de nuestro país durante otra guerra. Él ayudó a liberar a los afroamericanos que eran esclavos.

Abraham Lincoln

Abraham Lincoln fue un líder fuerte y justo. Por eso lo llamamos "el honesto Abraham".

La casa de Abraham Lincoln

Monumento a Lincoln

1. ¿A quiénes recordamos en el Día de los Presidentes?

2. ¿En qué se parecían George Washington y Abraham Lincoln?

DESTREZAS DE ESTUDIO
Uso del calendario

Los **calendarios** son tablas que muestran los meses del año, las semanas del mes y los días de la semana. También muestran los días feriados que tiene cada mes.

Este calendario muestra el mes de febrero. Cada cuadro del calendario representa un día. ¿Cuántos días tiene febrero?

FEBRERO

DOMINGO	LUNES	MARTES	MIÉRCOLES	JUEVES	VIERNES	SÁBADO
						1
2	3	4	5	6	7	8
9	10	11	12	13	14 Día de San Valentín	15
16	17 Día de los Presidentes	18	19	20	21	22
23	24	25	26	27	28	

JUNIO

DOMINGO	LUNES	MARTES	MIÉRCOLES	JUEVES	VIERNES	SÁBADO
1	2	3	4	5	6	7
8	9	10	11	12	13	Día de la Bandera 14
Día del Padre 15	16	17	18	19	20	21
22	23	24	25	26	27	28
29	30					

Práctica de la destreza

Usa el calendario para contestar las preguntas.

1. ¿Cuántos días tiene este mes?
2. ¿Qué día de la semana es el 14 de junio?
   ¿Qué día feriado celebramos ese día?
3. ¿Cuándo es el Día del Padre?
4. ¿Por qué es útil un calendario?

Fechas importantes para nuestro país

A los estadounidenses nos gusta **celebrar** los días feriados. Los celebramos haciendo algo especial.

El 4 de julio celebramos el Día de la Independencia. Ese día recordamos el 4 de julio de 1776, cuando nuestro país se declaró libre de Inglaterra.

El Día de la Independencia es el
cumpleaños de nuestro país. Celebramos
ese día con desfiles y fuegos artificiales.
Así mostramos lo orgullosos que estamos
de ser estadounidenses.

JULIO

El Día de la Raza es en octubre. Ese día recordamos la llegada de Cristóbal Colón a América.

El Día de Acción de Gracias es en noviembre. Ese día recordamos la comida especial que compartieron los peregrinos y los wampanoags.

En enero recordamos a Martin Luther King, Jr. Él luchó para crear leyes justas para todos.

ENERO

1. **Nombra dos días feriados de nuestro país. ¿Por qué los celebramos?**

2. **¿Por qué celebramos los días feriados?**

DESTREZAS DE RAZONAMIENTO
Hacer predicciones

Cuando dices lo que crees que va a pasar, estás haciendo una **predicción**. Lee el siguiente relato. Haz una predicción sobre lo que va a pasar.

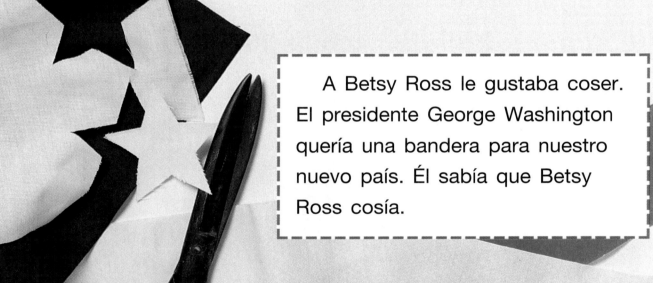

A Betsy Ross le gustaba coser. El presidente George Washington quería una bandera para nuestro nuevo país. Él sabía que Betsy Ross cosía.

¿Qué crees que hizo George Washington? ¿Predijiste que George Washington le pidió a Betsy Ross que hiciera nuestra bandera? ¿Por qué?

Práctica de la destreza

Lee el siguiente relato. Luego,
contesta las preguntas.

Betsy Ross cortó la tela para hacer la
bandera. Unió las franjas rojas y las
blancas, y después cosió las estrellas.
Luego George Washington fue a ver la
nueva bandera.

1. ¿Qué crees que pasó después? Di por
   qué predijiste eso.
2. ¿De qué te sirve en la escuela hacer
   predicciones?

Fechas especiales para la familia

Las familias celebran muchas fechas especiales. Celebran el nacimiento de un bebé.

La familia también celebra cuando uno de los hijos termina la escuela.

196

Una boda es
otra fecha especial.

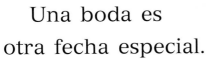

A veces todos los miembros de una
familia se reúnen. Es una manera de
recordar el pasado.

Algunas familias también celebran otras fechas especiales. Estas fechas se celebran todos los años.

La Navidad se celebra el 25 de diciembre.

Hanukkah también se celebra en diciembre. La fiesta dura ocho días.

Kwanzaa comienza el 26 de diciembre y termina el 6 de enero.

El Año Nuevo chino se celebra en enero o febrero. La fiesta dura tres días.

El Día de los Reyes Magos se celebra el 6 de enero.

1. ¿Crees que todas las familias celebran las mismas fechas especiales? Di por qué sí o por qué no.

2. ¿Cómo vas a celebrar tu próxima fecha especial? Haz una predicción.

CIUDADANOS
Un aporte positivo

Celebrarlo con fotos

A Audreaya Cole le gusta tomar fotos. Ella vive en Houston, Texas. Audreaya dice: —Mis mejores fotos son las de mi fiesta de cumpleaños.

Audreaya y su hermano Medford, aprendieron a tomar fotos en un programa llamado *Project Bridge*. Su profesora es Karen Sanders.

TEXAS

Houston

La fiesta de cumpleaños de Audreaya

Audreaya tomando fotos

Los niños llevan cámara y película a sus casas para tomar fotos de sus familias y vecindarios.

La señorita Sanders escoge algunas de las mejores fotos para hacer una exhibición. Los niños invitan a sus familiares y a sus amigos a la exhibición.

—Me dio mucho gusto ver mis fotos en la exhibición de la escuela —dice Medford.

Celebremos la primavera

En muchos lugares del mundo la gente celebra el comienzo de la primavera.

En Estados Unidos, algunos niños buscan huevos de Pascua en los jardines de la Casa Blanca.

La gente en China celebra la primavera con una fiesta llamada *Ching Ming*. Limpian las casas, plantan flores y recuerdan a sus familias.

El 1.º de mayo, los niños en Inglaterra cantan y bailan alrededor de un poste llamado *Maypole*. Así celebran la llegada de la primavera.

En España, la gente va a las ferias de primavera. Ponen tiendas para las fiestas y también desfilan a caballo.

1. **Di dos maneras de celebrar la primavera. ¿En qué se parecen y en qué se diferencian estas dos maneras?**

2. **¿Por qué crees que la gente celebra la primavera?**

Símbolos de Estados Unidos

Hay muchos símbolos que representan a Estados Unidos. Estos símbolos nos recuerdan nuestro país.

La Estatua de la Libertad es un símbolo. Representa la esperanza, la libertad y la amistad. Esta estatua está en el puerto de Nueva York.

La Campana de la Libertad es otro símbolo de libertad. Ésta fue la campana que tocaron cuando Estados Unidos se declaró independiente. La puedes ver en la ciudad de Filadelfia, Pennsylvania.

El águila de cabeza blanca es otro símbolo que representa a nuestro país. Puedes ver este símbolo en algunas monedas de nuestro país.

La bandera es un símbolo muy importante de nuestro país. Tiene 13 franjas y 50 estrellas. Cada estrella representa un estado. La bandera es roja, blanca y azul.

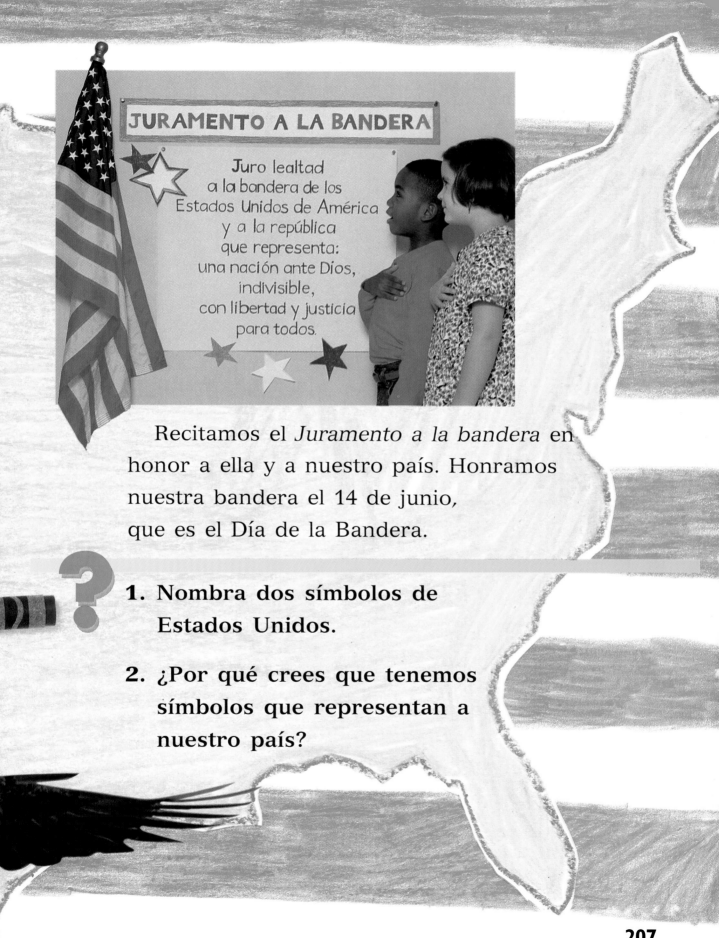

JURAMENTO A LA BANDERA

Juro lealtad
a la bandera de los
Estados Unidos de América
y a la república
que representa:
una nación ante Dios,
indivisible,
con libertad y justicia
para todos.

Recitamos el *Juramento a la bandera* en honor a ella y a nuestro país. Honramos nuestra bandera el 14 de junio, que es el Día de la Bandera.

1. Nombra dos símbolos de Estados Unidos.

2. ¿Por qué crees que tenemos símbolos que representan a nuestro país?

You're a Grand Old Flag

Letra y música
de George M. Cohan

You're a grand old flag, you're a high-fly - ing flag;

And for - ev - er in peace may you wave; _____

You're the em - blem of the land I love,

The home of the free and the brave. _____

Con esta canción honramos nuestra bandera.

Ev' - ry heart beats true un - der red, white, and blue,

Where there's nev - er a boast or brag; ____

But should auld ac - quaint - ance be for - got,

Keep your eye on the grand old flag. ____

209

REPASO DE LA UNIDAD 6

Piensa en las palabras

Usa estas palabras para terminar las oraciones.

calendario	día feriado	celebrar
predicción		

1. Una fecha importante es un _____.
2. Un _____ es una tabla que muestra los días, semanas y meses del año.
3. A los estadounidenses nos gusta _____ muchas fiestas.
4. Tú haces una _____ cuando dices lo que crees que va a suceder.

Piensa en las ideas

1. Nombra dos días feriados que honran nuestro pasado.
2. ¿Qué día feriado es importante para tu familia?
3. ¿Cómo celebra alguna gente la primavera?
4. Nombra dos símbolos que representan la libertad.

¿Qué día feriado te gusta? ¿Por qué?

Uso de las destrezas

Repaso: uso del calendario

1. ¿Qué mes muestra este calendario?

2. ¿Cuántos días tiene este mes?

3. ¿Qué día feriado se celebra el 29 de mayo?

4. ¿Cuándo es el Día de la Madre?

MAYO

Domingo	Lunes	Martes	Miércoles	Jueves	Viernes	Sábado
	1	2	3	4	5	6
7	8	9	10	11	12	13
14 Día de la Madre	15	16	17	18	19	20
21	22	23	24	25	26	27
28	29 Memorial Day	30	31			

¡Haz el tuyo!

- Haz un calendario con siete cuadros hacia el lado y seis hacia abajo.
- Escribe el nombre de un mes.
- Pon los días de la semana.
- Pon números a los días del mes.
- Marca las fechas importantes del mes.

JUNIO

Domingo	Lunes	Martes	Miércoles	Jueves	Viernes	Sábado
				1	2	3
4	5	6	7	8	9	10
11	12	13	14	15	16	17
18	19	20	21	22	23	24
25	26	27	28	29	30	

Uso de las destrezas

Repaso: hacer predicciones

Lee para predecir qué va a pasar después.

Hoy es el cumpleaños de Sara. Su mamá tiene un regalo especial para ella. El regalo está escondido en un armario. Su mamá ve a Sara a punto de abrir el armario.

1. Predice qué pasaría si Sara abriera el armario.
2. ¿Qué crees que le va a decir su mamá?
3. ¿Qué crees que Sara le va a decir a su mamá?

PROYECTO DE LA UNIDAD

Haz una tarjeta festiva

- Dobla una hoja de papel por la mitad.
- Haz un dibujo acerca de ese día sobre la cubierta de tu tarjeta.
- Pon dibujos o recortes dentro de la tarjeta.
- Envía tu tarjeta a alguien especial.

Lectura individual

Puedes buscar estos libros en la biblioteca.

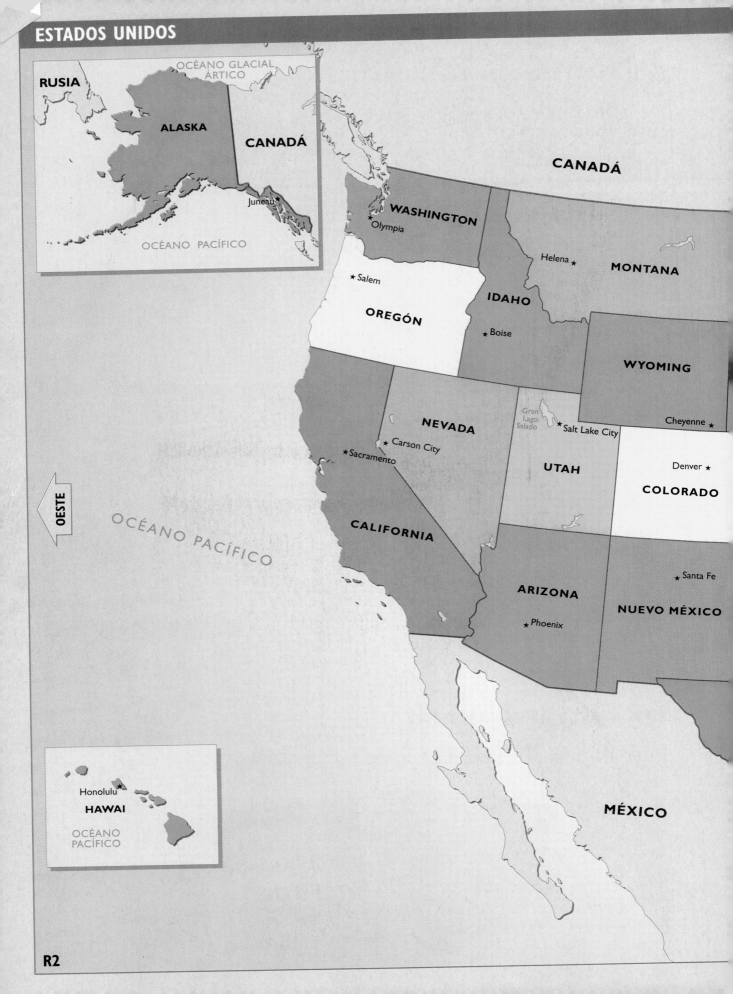

RUSIA

OCÉANO GLACIAL ÁRTICO

ALASKA

CANADÁ

Juneau ★

OCÉANO PACÍFICO

CANADÁ

WASHINGTON
★ Olympia

Helena ★

MONTANA

★ Salem

OREGÓN

IDAHO

★ Boise

WYOMING

Cheyenne ★

NEVADA

Gran Lago Salado

★ Salt Lake City

★ Carson City

★ Sacramento

UTAH

Denver ★

COLORADO

OESTE

OCÉANO PACÍFICO

CALIFORNIA

Santa Fe ★

ARIZONA

★ Phoenix

NUEVO MÉXICO

Honolulu

HAWAI

OCÉANO PACÍFICO

MÉXICO

NORTE

SUR

ESTE

CANADÁ

DAKOTA DEL NORTE
★ Bismarck

DAKOTA DEL SUR
★ Pierre

MINNESOTA
St. Paul ★

NEBRASKA
Lincoln ★

IOWA
★ Des Moines

WISCONSIN
Madison ★

Lago Superior

MICHIGAN
★ Lansing

Lago Hurón

Lago Michigan

Lago Erie

MAINE
★ Augusta

Montpelier ★
VERMONT
NUEVA HAMPSHIRE
★ Concord

Lago Ontario

NUEVA YORK
Albany ★

MASSACHUSETTS
★ Boston
Providence

Hartford ★
CONNECTICUT

RHODE ISLAND

KANSAS
Topeka ★

MISSOURI
★ Jefferson City

ILLINOIS
★ Springfield

INDIANA
★ Indianapolis

OHIO
★ Columbus

PENNSYLVANIA
Harrisburg ★

★ Trenton
NUEVA JERSEY

Dover ★
★ Annapolis
DELAWARE
MARYLAND

Washington, D.C.

VIRGINIA OCCIDENTAL
★ Charleston

VIRGINIA
Richmond ★

KENTUCKY
★ Frankfort

OKLAHOMA
★ Oklahoma City

ARKANSAS
Little ★ Rock

TENNESSEE
★ Nashville

CAROLINA DEL NORTE
★ Raleigh

MISSISSIPPI
★ Jackson

ALABAMA
★ Montgomery

GEORGIA
★ Atlanta

CAROLINA DEL SUR
★ Columbia

OCÉANO ATLÁNTICO

TEXAS
★ Austin

LUISIANA
Baton Rouge ★

★ Tallahassee

FLORIDA

Golfo de México

BAHAMAS

CUBA

⊛ Capital del país   ★ Capital del estado

OCÉANO GLACIAL ÁRTICO

AMÉRICA
DEL NORTE

OCÉANO
ATLÁNTICO

OCÉANO PACÍFICO

OESTE

AMÉRICA
DEL SUR

ANTÁRTIDA

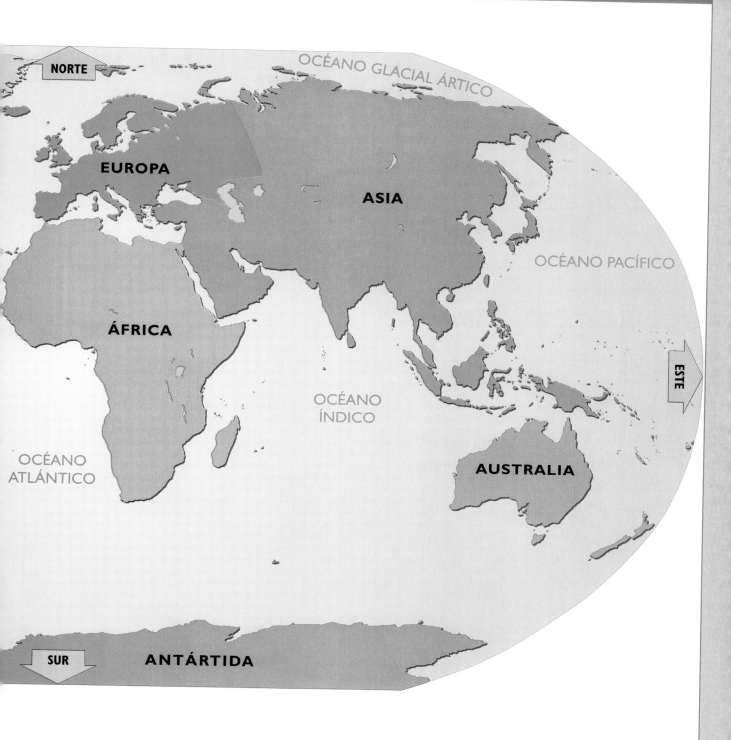

NORTE

OCÉANO GLACIAL ÁRTICO

EUROPA

ASIA

OCÉANO PACÍFICO

ÁFRICA

ESTE

OCÉANO
ÍNDICO

OCÉANO
ATLÁNTICO

AUSTRALIA

SUR

ANTÁRTIDA

Glosario
GEOGRÁFICO ILUSTRADO

COLINA Elevación de tierra que es más pequeña que una montaña.

LAGO Masa de agua rodeada de tierra.

LLANURA Tierra plana o llana.

MONTAÑA Gran elevación de tierra.

RÍO Masa de agua que se desliza sobre la tierra.

OCÉANO Gran masa de agua salada.

GLOSARIO ILUSTRADO

asentamiento
Los peregrinos establecieron un **asentamiento** en Plymouth. (página 162)

calendario
El **calendario** muestra el mes de mayo. (página 188)

celebrar
Voy a **celebrar** mi séptimo cumpleaños. (página 190)

ciudadano
Pablo es un **ciudadano** de este país, igual que Kent. (página 63)

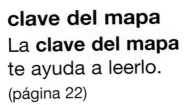

clave del mapa
La **clave del mapa** te ayuda a leerlo. (página 22)

colina
Es divertido bajar una **colina** en bicicleta. (página 105)

colonos

Los **colonos** construyeron escuelas y granjas.
(página 162)

comunidad

Hay muchos vecindarios en esta **comunidad**. (página 16)

continente

América del Norte es un **continente** de la Tierra.
(página 118)

deseos

Esa muñeca y estos patines son **deseos**.
(página 80)

día feriado

El Día de la Bandera es un **día feriado** de junio.
(página 184)

diferente

Mi sombrero es **diferente** al de Raúl. (página 50)

estación
La primavera es una **estación** del año.
(página 112)

estado
Luisiana es un **estado** de nuestro país. (página 24)

familia
Hay dos niños en la **familia** de Lola.
(página 44)

gráfica de pictogramas
Mi **gráfica de pictogramas** muestra cuántos creyones tengo. (página 94)

grupo
Fran y sus amigos forman un **grupo**.
(página 48)

historia
El relato del pasado de Estados Unidos es su **historia**. (página 147)

idea principal

La **idea principal** dice de qué se trata una historia.
(página 160)

indígenas americanos

Los primeros habitantes de América fueron los **indígenas americanos**.
(página 150)

lago

El agua de un **lago** casi siempre es muy fría.
(página 106)

ley

La **ley** dice que debemos cruzar la calle cuando la luz está verde. (página 54)

línea cronológica

La **línea cronológica** de Marcy dice cuándo aprendió a nadar. (página 148)

3 años — Marcy aprende a nadar.
5 años — Marcy empieza la escuela.
7 años — Marcy juega al fútbol.

llanura

Nuestra granja está en una tierra plana llamada **llanura**.
(página 104)

mapa

Puedes hallar mi escuela en este **mapa**.

(página 23)

medio de transporte

Los autobuses escolares son un **medio de transporte**. (página 85)

montaña

Una **montaña** puede tener nieve todo el año.

(página 105)

necesidades

La comida, la ropa, la vivienda y el amor son **necesidades**. (página 78)

océano

Muchos barcos navegan en el **océano**.

(página 107)

orden

Tati puso los libros en **orden**, de la A a la Z.

(página 114)

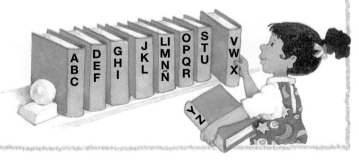

GLOSARIO ILUSTRADO

país

Estados Unidos de América es nuestro **país**. (página 24)

parecidos

Estos gatitos son **parecidos**.

(página 50)

peregrinos

Los **peregrinos** vinieron a América en el *Mayflower*.

(página 164)

predicción

Hice la **predicción** de que iba a llover. (página 194)

presidente

George Washington fue nuestro primer **presidente**.

(página 63)

productos

Mi vestido, mi libro y esta naranja son **productos**.

(página 76)

GLOSARIO ILUSTRADO

puntos cardinales

El norte, el sur, el este y el oeste son los **puntos cardinales**. (página 108)

recurso natural

El agua es un **recurso natural** que la gente y los animales usan. (página 120)

regla

Es una **regla** levantar la mano cuando tienes una pregunta. (página 52)

río

Barcos, gente, peces y plantas comparten un **río**. (página 106)

separar

Me gusta **separar** las cosas en grupos. (página 88)

servicio

Mi papá es bombero. Él brinda un **servicio** a los demás. (página 76)

tabla

La **tabla** muestra quién ganó el partido. (página 58)

tiempo

El **tiempo** está cálido cuando brilla el sol.

(página 110)

Tierra

Nuestro mundo, la **Tierra**, está formado por tierra y agua. (página 27)

trabajo

Mi hermano tiene un **trabajo** en una tienda.

(página 74)

vecindario

La gente vive, trabaja y se divierte en mi **vecindario**.

(página 7)

vivienda

Nuestra casa es nuestra **vivienda**.

(página 78)

voluntaria

La mamá de Diana es **voluntaria** en la biblioteca.

(página 77)

votar

Los ciudadanos pueden **votar** para elegir al presidente. (página 60)

índice

índice

CREDITS

Cover: Pentagram

Electronic Production: Kirchoff/Wohlberg, Inc.

Maps: Geosystems

Illustrations: Ellen Appleby: pp 124-127, 202-203; Yvette Banek: pp 38, 68, 70, 98, 100, 138, 139(t), 140, 210, 212; Nan Brooks: pp 82-83; Randy Chewning: pp 84-87, 88, 89; Luisa D'Augusta: pp 86-97; Eldon Doty: pp 74, 75, 76, 77; Alyssa Gallo: pp 120-121; Michael Grejniec: pp 66-67; Meryl Henderson: pp 148, 149, 168, 169, 170, 171, 172, 179(t); 180; Brian Karas: pp 48, 49, 56-57; Cheryl Kirk Knoll: pp 150-151; Alan Leiner: pp 165, 166, 167; Claude Martinot: pp 53; Karen Minot: pp R6-R7; Hima Pamoedjo: pp 21(m), 48-49, 69(t); 94, 95, 99(t), 191, 192, 193, 211(t); Rebecca Perry: pp 39(t), 40; Roz Schanzer: pp 30-37(border); Jerry Smath: pp R8-R15; Melissa Sweet: pp 176-177; Peggy Tagel: pp 23, 42-43, 72-73, 102-103, 142-143, 182-183; Mary Thelen: pp 208-209; Steve Sullivan: pp 54, 58, 59; Robert Van Nutt: pp 156-157, 158-159, 160, 161; Nina Wallace: pp 8, 9, 20-21, 22, 23

Thank you to all the children who contributed their work, including Alyssa Gallo, Brentin Gultz, Molly Mc Fadden, Paul Mitchell, Christopher Mitchell, Rita Munifo, and Mrs. Struzik's first grade class in Netcong, New Jersey.

PHOTOGRAPHY CREDITS: All photographs are by the Macmillan/McGraw-Hill School Division (MMSD) except as noted below.

Cover and I: Bob Esparza for MMSD. iii t.l. Grant Heilman/Grant Heilman Photography, Inc.; b.l. Jim Levin for MMSD. iv: t. Key Photos; m. Francis Westfield for MMSD; b. Runk Schoenberger/Grant Heilman Photography, Inc. v: t. Francis Westfield for MMSD; m. Bob Daemmrich/Stock Boston, Inc.; b. Uniphoto, Inc. vi: b. Francis Westfield for MMSD. x: t. Ric Ergenbright; b. Tom McCarthy/National Stock Network. x-xi: Elizabeth Wolf. xi: t.r. Joseph H. Bailey; m. Breton Littlehales; b.r. Joseph H. Bailey. **Unit 1:** 2: Bob Jones, Jr./Liaison International. 3: l. Joe Viesti/Viesti Associates, Inc.; t.r. Tony Stone Images. 10: l. David Meunch; r. John Feingersh/The Stock Market. 11: Lionel Delevingne/Stock Boston, Inc. 13: James Levin. 14-15: Andy Sacks for MMSD. 15: l. Andy Sacks for MMSD; r. Phil Degginger/Bruce Coleman. 16: Loren Irvin. 17: Superstock. 20: Albert J. Gordon/Profiles West. 22: t.l. Grant Heilman/Grant Heilman Photography, Inc.; b.l. C.J. Allen/Stock Boston. 25: Richard Hirneisen for MMSD. 26: r., b.r. R. Larry Lefever/Grant Heilman Photography, Inc. 28: t.l. Margarette Mead/The Image Bank; t.m. Ken Karp for MMSD; t.r. Bruce Caines for MMSD; t.r. E.R. Degginger/Bruce Coleman, Inc.; m.r.; b.m. Scott Harvey for MMSD; b.r. Titus Kana for MMSD; r. L.D. Gordon/The Image Bank; l. Mulvehill/The Image Works. 29: t.r. Ken Karp for MMSD; t. Ed Bock/The stock Market; r. Karen Ann Wilson/Natural Selection; b.m. Gamma Liaison; m.l. Bill Waltzen for MMSD; b.l. Ken Karp for MMSD. 41: Monica Stevenson for MMSD. **Unit 2:** 42: t.l. Terry Farmer/Tony Stone Images; b.l. Lori Adamski Peek/Tony Stone Images. 43: l. The Granger Collection. 44-45: Francis Westfield for MMSD. 46-47: l. Superstock. 47: r. Elliott Smith. 48: b.l. Don Klumpp; b.r. Paul Miller/Black Star; t. Jim Levin for MMSD. 49: t.r. Wayne Eastep/Tony Stone Image; t.l. Lawrence Migdale; b. Jim Levin for MMSD. 51: t. Tomas del Ano/Adstock Photos. 52: Jim Levin for MMSD. 53: Francis Westfield for MMSD. 54: Jim Levin for MMSD. 55: t.r. Sam Sargent/Liaison International; m.r. C. Podias/FPG International; b.r. Patrick Eden/The Image Bank; m. Jim Levin for MMSD. 60-62: Jim Levin for MMSD. 63: Cynthia Johnson/Gamma-Liaison. 64: l. Key Photos; b.r. Michael S. Yamashita/The Stock House, Ltd. 65: t. Karen Kasmauski/Woodfin Camp & Associates. 71: Monica Stevenson for MMSD. **Unit 3:** 72: t.l. Jeff Dunn/The Picture Cube; t.r. Bob Abraham/The Stock Market; m.r. Michael Heron/Woodfin Camp; b.m. Richard Kolar/Animals Animals. 73: b.l. Eric Roth/The Picture Cube; t. Juan Pablo Lira/The Image Bank. 74-75: Francis Westfield. 76: b. David Young Wolff/Photo Edit; t. Thomas Del Brase/The Stock Market. 77: l. Charles Gupton/Tony Stone International; r. Francis Westfield for MMSd. 78: l. Francis Westfield for MMSD; r. Ulf Sjostedt/FPG International. 79-81: Francis Westfield for MMSD. 84: Courtesy of The Oshkosh Public Museum. 85: l. Beringer-Dratch/The Picture Cube; r. John Terence Turner/FPG. 86: t. Tony Stone World-

wide; b. Alan Pitcairn/Grant Heilman. 87: t. Peter Cole/Bruce Coleman; b. Peter Gridley/FPG International. 88, 90: Francis Westfield for MMSD. 91: t. Kay Chernush/The Image Bank; b. Cameramann International. 92-94: Francis Westfield for MMSD. 101: Monica Stevenson for MMSD. **Unit 4:** 104: b., t.r. Francis Westfield for MMSD; m. Tom Bean/The Stock Market. 105: t. Hans Wendler/The Image Bank; b. Ken Graham/Tony Stne Images. 106: t.l. Berenholtz/The Stock Market; m.r. David Weintraub/Photo Researchers; b.l. James P. Blair/National Geographic Society Image Collection; t.r. Francis Westfield for MMSD. 107: t. S.R. maglione/Photo Researchers; b. Runk Schoenberger/Grant Heilman. 108: b. Francis Westfield for MMSD; t. Runk Schoenberger/Grant Heilman. 110: t.r. Francis Westfield for MMSD; b.r. Bill Frantz/Tony Stone Images. 110-111: bkgnd. Francis Westfield for MMSD. 111: Francis Westfield for MMSD. 112: l. Jan Halaska/Photo Researchers; r. Jan Halaska/Photo Researchers. 112-113: Francis Westfield for MMSD. 113: Jan Halaska/Photo Researchers. 114-115: Francis Westfield for MMSD. 117: t.l. Francis Westfield for MMSD; b.r. Francis Westfield for MMSD; t.r. M. Macri/Masterfile. 120-121: bkgnd. Francis Westfield for MMSD. 120: l. David R. Frazier Photo Library. 121: r. Renee Lynn/Photo Researchers. 122: m.l., b.l. Francis Westfield for MMSD; t.m. don Smetzer/Tony Stone Images. 122-123: Francis Westfield for MMSD. 123: t.l. John Mead/SPL/Photo Researchers; t.r. Dennis Brack/Balck Star; b.r. Suan Pfannmuller/Midwestock. 124: l. Francis Westfield for MMSD; r. Cathlyn Melloan/Tony Stone Images. 125: r. Vanessa Vick/Photo Researchers, Inc. 126: Francis Westfield for MMSD. 127: t.l. Michael Krasowitz/FPG International; r. Francis Westfield for MMSD. 128-129: Grant Heilman Photography. 128: m. Monica Stevenson for MMSD; b.r., t.r. Ralph W. Sanders for MMSD; t.m. Monica Stevenson for MMSD. 129: t.l., t.r. Ralph W. Sanders for MMSD; b.r. Monica Stevenson for MMSD. 141: Monica Stevenson for MMSD. **Unit 5:** 1452: t. The Granger Collection; m.r. Mark E. Gibson; t. The Granger Collection. 143: m. Uniphoto, Inc. 145: t.l. courtesy C.A. Powell. 147: t.l. Nicholas Conte/bruce Coleman, Inc.; b.l. H. Armstrong Roberts; r. Bob Daemmrich/Stock Boston. 152: Michael McDermott for MMSD. 153: t. Colorado Historical Society. 155: l. Phil Schofield/AllStock; b.r. Monty Rossel. 156: t.l. The Granger Collection. 162: Mark E. Gibson. 163: Myron Wood/Photo Researchers. 164: John Ulven/Plimoth Plantation. 166: Candace Cochrane/Positive Images. 169-170: The Granger Collection. 171: The Bettmann Archive. 172: t. Archive/Levick; l. Rafael Macia/Photo Researchers, Inc. 173: m. Francis Westfield for MMSD. 178: b.l. The Granger Collection; l. Uniphoto Picture Agency. 181: Monica Stevenson for MMSD. Unit 6 182: b.r. The Bettmann Archivees; r. Thompson/The Stock Market. 186: The Bettmann Archives. 187: t. Andre Jenny/Unicorn Stock Photos; b. Peter Gridley/FPG International. 190-191: Stan Ries. 191: t. John M. Roberts/The Stock Market. 192: b. Fotografia ProdJ. Houck/Westlight; t. Stuart L. Craig, Jr/Bruce Coleman. 193: b.r. Aneal Vohra/Unicorn Stock Photos; b.l. Flip Schulke. 194: Monica Stevenson for MMSD. 195: Superstock. 196: l. Monica Stevenson for MMSD; r. Monica Stevenson for MMSD; r. Jeffrey W. Myers/Stock Boston. 197: l., t. Monica Stevenson for MMSD; b. Susan Lampton for MMSD; t. Mug Shots/ The Stock Marekt. 198-199: Monica Stevenson for MMSD. 200-201: Monica Stevenson for MMSD. 200: l., r. courtesy of Project Bridge/Houston. 201: r. Monica Stevenson for MMSD. l. courtesy of Project Bridge/Houston. 202: l. Gamma-Liaison; r. Superstock. 203: l. James P. Blair/National Geographic Society; r. Odyssey/Frerck/Chicago. 204: Uniphoto, Inc. 204-205: Monica Stevenson for MMSD. 205: t. Norman Owen Tomalin/Bruce Coleman; b. Monica Stevenson for MMSD. 206: b. Jeff Vanuga/Westlight; t. Monica Stevenson for MMSD. 206-207: Monica Stevenson for MMSD. 207: Anne Nielsen for MMSD. 213: Monica Stevenson for MMSD. Endpapers: Bridgeman Art Library.

6: m. Ken Cavanagh for MMSD.
7: Ken Cavanagh for MMSD.
12: m. Ken Canavagh for MMSD.
18: t. Ron Sherman
19: t. Uniphoto
19: b. Wes Thompson/Stock Market
50: Ken Cavanagh for MMSD
51: t. Tony Stone/Christopher Arnesen
51: b. Super Stock

(continued from page ii)

Acknowledgments
"Nada más" (Poem) by María Elena Walsh, from La poesía infantil by Graciela Perriconi and Amalia Wischñevsky. Used by permission of the author.
"América" by Isabel Freire de Matos, from Poesía puertorriqueña para la Escuela Elemental by Carmen Gómez Tejera. Used by permission of the author.